圣经自修课程

Derek Prince
叶光明 著

叶光明事工团队

圣经自修课程
Self Study Bible Course

叶光明国际事工版权 © 1999,2007,2010,2017
叶光明事工亚太地区出版
PO Box 2029, Christchurch, New Zealand 8140
admin@dpm.co.nz
叶光明事工出版
版权所有

在没有经过出版方的书面许可下，本书任何部分都不允许以任何形式或手段复制传播，包括电子或印刷形式，或以复印、录音，或以任何信息储存和检索系统的形式。

DPM02

ISBN: 978-1-78263-652-6

目录

说明: 学习指南 4
圣经卷目简称 7
第一部分: 根基 9
　第一课 圣经:神的话 10
　第二课 神的救赎计划(之一) 19
　第三课 神的救赎计划(之二) 28
　第四课 受水洗: 如何? 何时? 为何? 36
　第五课 圣灵 44
　第六课 受圣灵洗的结果 52
　第一部分小结 61
　第一部分复习 62
第二部分: 更深的生命 63
　第七课 敬拜与祷告 64
　第八课 神医治我们身体的计划(之一) 73
　第九课 神医治我们身体的计划(之二) 82
　第十课 见证及得人 90
　第十一课 神对富足的计划 98
　第二部分小结 107
　第二部分复习 108
第三部分: 以色列: 神拣选的百姓 109
　第十二课 神的特殊计划 110
　第十三课 失败与救赎 119
　第十四课 认识耶稣基督(之一) 127
　第十五课 认识耶稣基督(之二) 137
　第十六课 像摩西一样的先知 147
　第三部分小结 156
　第三部分复习 157
第四部分: 未来 159
　第十七课 基督的第二次降临 160
　第十八课 基督再来的预兆 169
　第十九课 基督的国在地上建立 177
　最后部分小结 187
　最后部分回顾 188
　第二十课 回顾及个人应用 189
　课程计分 193

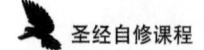
圣经自修课程

说明 学习指南

在你开始学习本课程之前,请先阅读学习指南!

本课程的目的

这个自修课程有四个主要目的。

(1) 以《圣经》知识为根基,建造坚固的基督徒生命。
(2) 连续查考经文,在其中找到神的应许。
(3) 训练解读经文的能力,从中的正确含义。
(4) 建立从《圣经》中求证,并寻找属灵真理的习惯。

如何答题

每一课开始前都有一段"引言",帮助你了解该课的大纲。请在回答问题前仔细阅读"引言"。

第一课(圣经:神的话)中,共有 24 个问题。每个问题结尾都有至少一个参考经文。在每题下面的空行中写下你的答案。

具体步骤是:

(1) 仔细阅读问题。
(2) 找到参考经文并反覆阅读,从中找到问题的答案。你可能需要透过阅读经文的上下文,得到更全面的理解。
(3) 用简短的话写出你的回答。

有时,一个问题的答案会分成两个或更多的部分。在这类情况下,每个答案都会有预留空行。

下面是第一课中的前两个问题,也列出了正确答案作为例子。

1. 耶稣称经上的话是什么? (约翰福音 10:3)

神的话

2. 耶稣说过些什么话，显出《圣经》的权威？（约翰福音 10:35）

　　经上的话是不能废的

查考约翰福音 10 章 35 节，看看这些回答是否正确。

背诵经文

　　每课的"引言"中都会给一段"背诵经文"。你要尽力背诵并默想。你有空时，就复习背诵这些经文。通过这种方式帮助你用心学习神的话。神的话会给你指引和力量，赐你属灵的食物，帮助你胜过魔鬼，并寻找在别人心里撒种的机会和智慧。

如何正确使用"圣经自修课程"

　　由第一课开始，依序回答该课的每个问题，结束后默写该课的经文。最后翻至"正确答案及得分"，检查答案是否正确。如果你的回答与正确答案不一样，再读一遍问题和经文，直到你明白正确答案的原因。

　　在每一课的"正确答案及得分"后，附有"正确答案注释"。仔细阅读这些注释，查考所提供的经文。

　　最后，给所有正确的答案计分。如果答案的得分不止一分，而你的回答与正确答案不是完全一样，就不能得满分。记住，默写经文的计分很重要！

　　把第一课的得分加起来，根据正确答案下面所给的标准，计算总分：50% 或更高是"通过"；70% 或更高是"很好"；80% 或更高是"非常好"。

　　第十八和二十课的计分方法稍微不一样，但在这些课一开始就清楚说明了。

　　在没有写自己的答案之前，千万不要去看正确答案，包括默写经文。

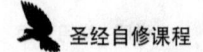 圣经自修课程

当你完成最后一课的学习后,翻到"课程记分"那一页。写下每一课的得分,最后看看你全部课程的成绩如何。

最后的个人建议

(1) 在每一课开始前先祷告,求神带领你明白祂的话语。

(2) 不要急,不要想一次就完成一整课的内容。反复阅读每段经文,直到你确定它的意思。并且阅读上下文,对经文有完整的了解。

(3) 简洁清楚地填写答案,不要写得过长。

(4) 每天向神祷告,神会帮助你在个人生活中应用你学到的真理。

《圣经》卷目及简称

旧约全书

一、律法书

创世记……………创
出埃及记…………出
利未记……………利
民数记……………民
申命记……………申

二、历史书

约书亚记…………书
士师记……………士
路得记……………得
撒母耳记上………撒上
撒母耳记下………撒下
列王纪上…………王上
列王纪下…………王下
历代志上…………代上
历代志下…………代下
以斯拉记…………拉
尼希米记…………尼
以斯帖记…………斯

三、诗歌书

约伯记……………伯
诗篇………………诗
箴言………………箴
传道书……………传
雅歌………………歌

四、大先知书

以赛亚书…………赛
耶利米书…………耶
耶利米哀歌………哀
以西结书…………结
但以理书…………但

五、小先知书

何西阿书…………何
约珥书……………珥
阿摩司书…………摩
俄巴底亚书………俄
约拿书……………拿
弥迦书……………弥
那鸿书……………鸿
哈巴谷书…………哈
西番雅书…………番
哈该书……………该
撒迦利亚书………亚
玛拉基书…………玛

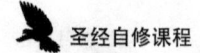 圣经自修课程

新约全书

一、福音书

马太福音 .... 太
马可福音 .... 可
路加福音 .... 路
约翰福音 .... 约

二、历史书

使徒行传 .... 徒

三、保罗书信

罗马书 .... 罗
哥林多前书 .... 林前
哥林多后书 .... 林后
加拉太书 .... 加
以弗所书 .... 弗
腓立比书 .... 腓
歌罗西书 .... 西
帖撒罗尼迦前书 .... 帖前
帖撒罗尼迦后书 .... 帖后
提摩太前书 .... 提前
提摩太后书 .... 提后
提多书 .... 多
腓利门书 .... 门
希伯来书 .... 来

四、其他书信

雅各书 .... 雅
彼得前书 .... 彼前
彼得后书 .... 彼后
约翰一书 .... 约一
约翰二书 .... 约二
约翰三书 .... 约三
犹大书 .... 犹

五、预言书

启示录 .... 启

注意：
"约"代表约翰福音，
"约一"代表约翰一书，
以此类推。

第一部分
根基

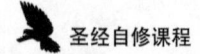 圣经自修课程

第一课 圣经：神的话

引言：

《圣经》是神自己的话，是神赐给人类最好的礼物，为要救人类脱离罪、痛苦与黑暗。

《圣经》不是一本普通的书，每个字都是真实地充满了神的能力与权柄。写这本书的每个人都是受圣灵感动，神感动他们照祂所赐给他们的真理如实写下。

我们读《圣经》，就如同神直接单独对我们每个人说话。藉着神的话，祂会赐给我们很多恩典：

◆ 亮光；
◆ 理解力；
◆ 属灵粮食；
◆ 身体健康。

《圣经》的话具有下面的能力：

◆ 洁净我们；
◆ 使我们成圣（分别归给神）；
◆ 建造我们的生命；
◆ 让我们与神的性情有份；
◆ 赐给我们能力和智慧能胜过撒旦。

背诵经文：提摩太后书 3 章 16–17 节

☐ 背诵经文后在这里打勾。

第一课 圣经：神的话

问题

1. 耶稣说《圣经》是什么？（约 10:35）

   ....

   ....

2. 耶稣说过什么话，显出《圣经》的权威？（约 10:35）

   ....

3. 写下大卫告诉我们关于神话语的两件事

   (1) 诗 119:89 ....

   (2) 诗 119:160 ....

4. 《圣经》是怎样写成的?

   (1) 提后 3:16 ....

   (2) 彼后 1:20-21 ....

5. 为得重生和永恒的生命，人心里需要接受怎样的种子？
   （彼前 1:23）

   ....

6. 写出《圣经》对基督徒的四项益处。（提后 3:16）

   (1) .... (2) ....

   (3) .... (4) ....

7. 基督徒查考并遵行神的话有何益处？（提后 3:17)

   ....

   ....

8. 神为祂的儿女预备了什么属灵粮食？（彼前 2:2；太 4:4）

9. 神的话对约伯有多重要？（伯 23:12）

   ....

10. 耶利米把神的话当食物吃了后，这些话带给他什么？
    （耶 15:16）

    ....

11. 少年基督徒如何过洁净的生活？（诗 119:9）

    ....

12. 为什么基督徒要将神的话藏（存记）在心里？（诗 119:11）

    ....

13. 少年人将神的话存记在心里，会产生哪两个结果？
    （约一 2:14）

    (1) ....(2) ....

14. 每当耶稣受到魔鬼试探时，祂是如何回答的？
    （太 4:4,7,10）

    ....

15. 神赐予基督徒什么宝剑，作为属灵军装的一部分？
    （弗 6:17）

    ....

16. 诗篇 119 篇使用哪两种描述，来形容神的话是如何帮助基督徒行走在世路途？（诗 119:105）

    (1) ....(2) ....

17. 神的话给基督徒内心带来哪两个结果？（诗 119:130）

    (1) ....(2) ....

18. 对仔细研读神话语的基督徒来说，神的话给他们的身体带来什

么？（箴 4:20-22）

19. 当神的百姓患病有需要时，神怎样医治拯救他们？
（诗 107:20）

20. 从下面的经文中列出神的话为祂百姓所成就的四件事。

   (1) 约 15:3；弗 5:26

   (2) 约 17:17

   (3) 徒 20:32

   (4) 徒 20:32

21. 基督徒如何证明自己爱耶稣基督？（约 14:21）

22. 耶稣称呼谁为祂的母亲和弟兄？（路 8:21）

23. 神的爱如何在一个基督徒身上显得完全？（约一 2:5）

24. 当我们接受神话语的应许时，在我们生命中会有哪两个结果？
（彼后 1:4）

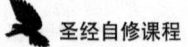

(1) ....

(2) ....

默写经文：提摩太后书 3 章 16-17 节

....

....

....

....

回答完所有问题后，再翻到下一页

正确答案及得分
第一课

问题	答案	得分
1	神的道	1
2	圣经的话是不能废的	1
3	(1)神的话安定在天 (2)其话语的总纲是真实的	1 1
4	(1)藉着神的默示 (2)人被圣灵感动说出神的话	1 2
5	神不能坏的种子——神的话	2
6	(1)教训 (2)督责(责备) (3)使人归正 (4)教导人学义	1 1 1 1
7	他得以完全（充分装备好），预备行各样善事。	2
8	神的话	1
9	比他所需的食物更重要	1
10	使他心中欢喜快乐	1
11	要遵行神的话	2
12	免得得罪神	1
13	(1)使他们刚强 (2)战胜那恶者(魔鬼)	1 1
14	祂以圣经上神的话来回答	1
15	神的话	1
16	(1)脚前的灯 (2)路上的光	1 1

17	(1)亮光 (2)通达	1
18	得了医治全体的良药	1
19	祂(神)发命	1
20	(1)洁净他们 (2)使他们成圣 (3)建造他们(教导) (4)赐给他们基业	1 1 1 1
21	有了基督的命令、又遵守的人	2
22	那些听见神的话语，又遵守的人	1
23	遵行主的话语	1
24	(1)使我们与神的性情有份 (2)脱离世上从情欲来的败坏	1 1

查考《圣经》，核对默写经文；若全对，每一节经文得4分。　**8**
（每错一处，扣1分；一节有三个错误以上，该节经文0分）

总分　49

25 个正确答案 = 50%
34 个正确答案 = 70%
39 个正确答案 = 80%

正确答案注释
第一课

1 – 2. 耶稣接受《旧约圣经》。祂毫无疑问地接受,祂接受《圣经》是神所默示的、且有权柄的话语。祂的教训都是基于这些经文,耶稣一生都顺服并遵行神的话。

3. 《圣经》是源于神,只是藉着人手写下。

4. (1)"神所默示的"(提摩太后书 3:16)是指"神所呼出的"。呼和默示这两个词在希伯来语和希腊语中是同一个词。(要全面研究《圣经》的默示和权柄,见《圣灵充满信徒手册》的第一部分"信心的根基"。)

5. 神"不能坏的种子"在我们里面如何作工呢?那种子是凭着心里的信接受的,然后,这种子开始靠圣灵在里面成长。最后,就产生神的、永恒的、不朽坏的生命。不朽坏的意思是无法变坏。

6 – 8. 注意:"圣经都是"(提摩太后书 3:16),"神……一切话"(马太福音 4:4)。为得着完全的灵性成长,基督徒必须阅读并应用整本《圣经》的教训。

8 – 10. 神的话语可以供应灵性成长每一个阶段的需要:(1)为初生婴儿提供的"奶"(彼得前书 2:2);(2)为成长中的提供"食物"(马太福音 4:4);(3)为长大成熟的提供"干粮"(希伯来书 5:12-14)。

11. 我们应当在自己生命的各个方面应用神话语的教导。

12. 神的话保守我们远离罪恶,就不容罪使我们远离神的话。"

13 – 15. 在以弗所书 6 章 13-17 节,保罗列出六项属灵的军装,为基督徒提供完全的保护;而只有一件是攻击性的武器,就是"圣灵的宝剑"(17 节)。每一位信徒都有责任"拿起"(17 节)这把宝剑——就是神的话。

16.	查看约翰一书1章7节:"我们若在光明中行……"我们必须在那"光明"中行,这"光明"就是指神的话,使我们在行走过程中能够看得清楚。
17–19.	神的话供应基督徒灵性、心智和身体各方面的需要。
20.	(4) 只有藉着神的话,我们才知道:(a) 哪些是我们在基督里应得的基业,(b) 如何去承受这基业。
21–23.	"遵守神的话让人能识别出你是基督的门徒……你对神话语的态度就是你对神的态度。你爱神的程度不超过你爱祂话语的程度,你顺服神不超过你顺服祂话语的程度,你荣耀神不超过你荣耀祂话语的程度,你内心和生活中给神多少地方不超过你给祂的话语所留的空间"(《圣灵充满信徒手册》,第一部分,信仰的根基,第二章)。
24	当我们相信并顺服神的话时,神的性情就充满我们的心和生命,代替我们里面旧的、会朽坏的属亚当的性情。

第二课 神的救赎计划（之一）

引言

罪是一种态度，是我们每个人里面的悖逆态度，它悖逆神。罪转变成外在行为，在我们与神之间产生了距离。因此，我们都是罪人。我们有罪的生命亏缺了神希望的和配得的荣耀。

罪有三个刑罚结果：

(1) 我们灵里是死的；
(2) 我们身体也会死；
(3) 永远在远离神的黑暗中被监禁和受痛苦。

耶稣来，救我们脱离罪，耶稣从未犯过罪，祂亲自担当了我们的罪。祂代替我们死，又从死里复活。耶稣这样做是为了叫我们可以得赦免，永远同祂一起活着。

背诵经文：罗马书 6 章 23 节

☐ 背诵经文后在这里打勾。

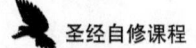 圣经自修课程

问题

A. 罪及其后果

1. 谁创造了万物?（启 4:11）

   ....

2. 经文中，神所配得的三样是：（启 4:11）

   (1) ....

   (2) ....

   (3) ....

3. 有多少人犯了罪?（罗 3:23）

   ....

4. 人所犯的头两样罪是什么?（罗 1:21）

   (1) ....

   (2) ....

5. 罪对人有什么影响?（罗 1:21）

   (1) 对人的意念?..

   (2) 对人的心?..

6. 写下有关人心的两个事实。(耶 17:9)

   (1) ....

   (2) ....

7. 唯独谁能鉴察人的心?（耶 17:10；路 16:15）

   ....

8. 写下十三条人心所发出的恶行。(可 7:21-22)

   (1).................(2).................

   (3).................(4).................

   (5).................(6).................

   (7).................(8).................

   (9).................(10)................

   (11)................(12)................

   (13)................

9. 人明知要行善却不去行,神称之为什么? (雅 4:17)

   ....

10. 若我们说自己是无罪的,代表了什么? (约一 1:8)

    ....

    ....

11. 若我们说我们没有犯过罪,我们对神做了什么? (约一 1:10)

    ....

12. 罪带给全人类的刑罚是什么? (罗 5:12, 6:23;雅 1:15)

    ....

    ....

13. 凡不为自己的罪悔改的人最终的结局是什么?
    (太 25:41;启 20:12 – 15)

    ....

    ....

14. 写下八种会进火湖的人。(启 21:8)

(1)........................(2)........................

(3)........................(4)........................

(5)........................(6)........................

(7)........................(8)........................

B. 耶稣死和复活的目的

15. 耶稣来到世上有何目的？（提前 1:15）

   ....

16. 耶稣呼召谁，他接纳谁？（太 9:13；路 15:2）

   ....

17. 耶稣是否曾经犯罪？（来 4:15；彼前 2:22）

   ....

18. 耶稣在十字架上为我们背负了什么？（彼前 2:24）

   ....

19. 耶稣为什么要死在十字架上？（彼前 3:18）

   ....

20. 保罗教导的福音有哪三个有关耶稣的事实？（林前 15:3–4）

   (1) ....

   (2) ....

   (3) ....

21. 既然耶稣现在永远活着，那么凡来到祂面前的人，祂能为他们做什么？（来 7:25）

   ....

22. 写出现在奉耶稣的名赐给所有人的三件事
   (路 24:47；徒 4:12)

   (1) ....

   (2) ....

   (3) ....

默写经文：罗马书 6 章 23 节

....

....

....

....

回答完所有问题后，再翻到下一页

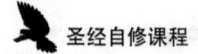

正确答案及得分
第二课

问题	答案	得分
1	神（耶和华）	1
2	(1)荣耀 (2)尊贵 (3)权柄	1 1 1
3	世人都犯了罪，亏缺了神的荣耀	1
4	(1)他们没有荣耀神 (2)他们也没有感谢的心	1 1
5	(1)罪使人的意念变为虚妄 (2)无知的心昏暗	1 1
6	(1)人心比万物都诡诈 (2)人心坏到极处	1 1
7	耶和华（神）	1
8	(1)恶念 (2)苟合（不道德的性） (3)奸淫（不正当的性） (4)凶杀 (5)偷盗 (6)贪婪 (7)邪恶 (8)诡诈（欺骗） (9)淫荡（肉欲） (10)邪恶的眼（嫉妒） (11)亵渎（咒骂） (12)骄傲 (13)狂妄	1 1 1 1 1 1 1 1 1 1 1 1 1
9	神称之为罪	1
10	我们是在欺骗自己	1
11	我们便是以神为说谎的	1
12	死亡	1

第二课 神的救赎计划（之一）

13	永远的火、火湖、第二次的死亡	1
14	(1)胆怯的 (2)不信的 (3)可憎的 (4)杀人的 (5)淫乱的 (6)行邪术的 (7)拜偶像的 (8)说谎的	1 1 1 1 1 1 1 1
15	拯救罪人	1
16	呼召并接纳罪人	1
17	没有，一个都没有	1
18	我们的罪	1
19	为要引我们到神面前	1
20	(1)耶稣为我们的罪受死 (2)祂被埋葬 (3)祂第三日复活	1 1 1
21	祂能拯救他们到底	1
22	(1)悔悟 (2)赦罪 (3)拯救	1 1 1

查考《圣经》，核对默写经文；若全对，每一节经文得4分。　4
（每错一处，扣1分；一节有三个错误以上，该节经文0分）

总分　54

27 个正确答案 = 50%
38 个正确答案 = 70%
43 个正确答案 = 80%

正确答案注释
第二课

1–4. 人的罪是因人没能发挥神所赋予他的职责，人被造是为了荣耀神。"他是神的形象和荣耀"（哥林多前书 11:7）。任何没能荣耀神的行为都是罪。

3. "都亏缺了神的荣耀"这是什么意思？想象一支箭射向标靶，却没射中，偏了靶心。人的"靶心"是要活出荣耀神的生命。但是，《圣经》说所有的人都没有射中这个靶心。（参照腓立比书 3:14）

6–8. 这些经文都是关于"心"的，都说明了所有人内心是什么样的，"所有人"是指每个人以及全人类。

8. 并非所有人都犯了这里所描述的罪，但是这些罪的"种子"在每个人心里都可以找到。这些种子在人的生命中是否长成罪取决于下面两件事:（1）道德上的限制；（2）生命中遇到的人和所处的环境。

9. 我们做了神所禁止的事就是犯罪，我们忽略或拒绝神所命令的事也是犯罪。应该做的不去做，或是带着随便的态度做，都是罪。马太福音 25:3、25、45。他们都因着没有做到该做的事而受到责备，他们是愚蠢的童女，不忠信的仆人和"山羊"的国。

13. 有两个不同的地方：(1) 地狱（也称作阴间）是在复活和审判前，离世的灵魂待的地方（路加福音 16:23）；(2) 欣嫩子谷或火湖，是复活和审判后惩罚的地方（启示录 20:12-15）。火湖是恶人和堕落的天使最终永远受苦的地方。

14. 胆怯的和不信的人都被定罪，有多少貌似敬虔的人包括在其中？

18. 曾有一段时间，罪是藉着摩西律法"被遮盖的"。（参照希伯来书 10:1-4)，但藉着耶稣的死，罪永远被除去。

(参照希伯来书 10:11-18)

19. 未赦免的罪使神与人之间分离（以赛亚书 59:2）。藉着耶稣的死，罪被除去，为人来到神面前开了一条路。现在，任何的拦阻都是来自于人，而非来自于神。

20. 信心是建立在事实之上，福音，或好消息，是基于历史上所发生的这三个简单的事实。

21. "到底"（希伯来书 7:25）是"彻底"的意思，这包括每个罪人从现在直到永远的所有需要，耶稣的拯救从亘古直到永恒。

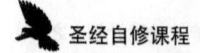
圣经自修课程

第三课 神的救赎计划（之二）

引言

神现在赐给我们救恩是藉着我们相信耶稣基督，我们得救是藉着我们相信耶稣，而不是藉着任何宗教或好行为。

要接受神所赐的救恩，我们就必须要做四件事：

(1) 公开承认我们的罪，悔改（转离我们的罪）；
(2) 相信耶稣为我们每个人死，又复活了；
(3) 凭着信接受复活的基督做我们个人的救主；
(4) 公开承认耶稣做我们的主（说出口，告诉别人耶稣是主）。

当我们以这种方式接受耶稣时，会发生下面的事：

(1) 祂永远住在我们心里；
(2) 祂赐给我们永生；
(3) 祂赐给我们能力过公义的生活；
(4) 祂使我们胜过罪。

背诵经文：约翰福音 1 章 12 – 13 节

☐ 背诵经文后在这里打勾。（每天复习前一课的经文）

问题

C. 我们怎样可以接受救恩？

23. 我们应该在什么时候寻找救恩？(林后 6:2；箴 27:1)
    ....

24. 我们能靠着自己的善行得救吗？(弗 2:8 – 9；多 3:5)
    ....

25. 我们能靠着守律法得救吗？(罗 3:20)
    ....

26. 如果我们渴望神的怜悯，必须做哪两件事？(箴 28:13)
    (1) ....
    (2) ....

27. 若我们承认自己的罪，神会为我们做哪两件事？(约一 1:9)
    (1) ....
    (2) ....

28. 神如何洗净我们心灵的一切罪？(约一 1:7)
    ....

29. 若我们渴慕得救，我们必须做哪两件事？(罗 10:9 – 10)
    (1) 以我们的心？...
    (2) 以我们的口？...

30. 我们到耶稣跟前，祂会拒绝我们吗？(约翰福音 6:37)
    ....

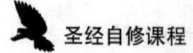

31. 若我们敞开心怀接受基督，祂赐给我们什么应许？（启 3:20）
   ....

32. 若我们接受基督，祂会赐给我们什么？（约 1:12）
   ....

33. 结果，我们得着什么经验？（约 1:13，3:3）
   ....

34. 当我们接受主耶稣，神藉着祂赐给我们什么？（罗 6:23）
   ....

35. 我们是否可能知道自己有永生？（约一 5:13）
   ....

36. 在基督里，神赐给我们什么？（约一 5:11）
   ....

37. 若我们接受神的儿子耶稣，我们得着什么？（约一 5:12-13）
   ....

D. 救恩带来胜过世界和罪恶的能力

38. 我们接受基督后，凭着信心谁住在我们心里？
   （加 2:20；弗 3:17）
   ....

39. 凭着基督赐给我们的力量，我们可以做些什么？（腓 4:13）
   ....

40. 若我们在众人面前承认基督，祂会做什么？（太 10:32）
   ....

41. 若我们在众人面前否认基督，祂会做什么？（太 10:33）

   ....

42. 怎样的人能够胜过世界及其中的试探？

   (1) 约一 5:4 ....

   (2) 约一 5:5 ....

43. 神的儿女为什么有能力胜过世界？（约一 4:4）

   ....

44. 神的百姓凭哪两件事胜过魔鬼？（启 12:11）

   (1) ....

   (2) ....

45. 神应许接纳谁到天上作祂的儿女？（启 21:7）

   ....

默写经文：约翰福音 1 章 12-13 节

....

....

....

....

回答完所有问题后，再翻到下一页

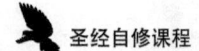 圣经自修课程

正确答案及得分
第三课

问题	答案	得分
23	现时,今日	1
24	不能	1
25	不能	1
26	(1)承认我们的罪 (2)弃绝罪恶	1 1
27	(1)赦免我们的罪 (2)洗净我们一切的不义(不义:邪恶和不道德)	1 1
28	用神的儿子——耶稣基督的血	1
29	(1)相信神已叫耶稣从死里复活 (2)承认耶稣为主	1 1
30	不会	1
31	"我要进到祂那里去"	1
32	有权做神的儿女	1
33	我们是从神生的(重生)	1
34	永生	1
35	是(约翰就是为此目的而写的)	1
36	神在基督耶稣里已经赐给我们永生	2
37	永生	1
38	基督耶稣活在我们心里	1
39	(神盼望我们做的)所有事情	1
40	祂会在天父面前承认我们	1

第三课 神的救赎计划（之二）

41	祂会在天父面前否认我们	1
42	(1) 那（凭着信）从神而生的人 (2) 那相信耶稣是神儿子的人	1 1
43	因为在他们里面的神比在世界的魔鬼更大	2
44	(1) 藉着羔羊（基督耶稣）的宝血 (2) 藉着他们所见证的道	1 1
45	得胜的人	1

查考《圣经》，核对默写经文；若全对，每一节经文得4分。　**8**
（每错一处，扣1分；一节有三个错误以上，该节经文0分）

总分　**38**

19 个正确答案 = 50%
27 个正确答案 = 70%
30 个正确答案 = 80%

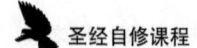

正确答案注释
第三课

24 – 25. 《圣经》排除所有靠人救自己或使自己成为义的可能，人无法在神的恩典之外得救。这种得救的恩典是藉着相信基督耶稣而得到的。

25. 律法并不能够使人称义，赐下律法是为了向人显示他是罪人，他不能够自救。（见罗马书 3:20，7:7-13）

26. 单单承认有罪，而没有离弃罪，并不能使人得到神的怜悯。（比较以赛亚书 55:7），离弃的意思是"完全脱离。"

27. 当神赦免人的罪时，祂也洁净了罪人的心。一旦罪人被洗净了，就不会再继续处在他所认的罪里。

28. 人没有任何方法可以医治自己有罪的心，只有基督耶稣的血，使人的罪可以被赦免，修复人与神的关系。

29. (2)"承认耶稣为主"是比新英王钦定本更准确的翻译。（参考和对比哥林多前书 12:3 和腓立比书 2:11）

31. 耶稣在启示录 3 章 20 节所说的话是针对老底嘉教会，这个教会自称是基督徒，却把基督弃于门外，祂想要进去。今天有多少教会也像老底嘉教会呢？耶稣"进到他那里去"的应许是针对我们每个人的，这个应许不是针对整体教会的，接受耶稣永远是个人的决定。

32. "权利"——更确切地说，是权柄。

33. 约翰福音 3 章 1-7 节告诉我们说，我们要重生。约翰福音 1 章 12-13 节告诉我们如何能够重生，就是藉着接受基督耶稣做我们个人的救主。

34. 对比罗马书 6 章 23 节的"工价"和"恩赐",注意："工价"= 我们犯罪应得的后果；"恩赐"= 白白的，不配得的神恩典。

38. 基督徒的生命始于信心，也因着信继续。"你们既然接受了主基督耶稣，就当遵祂而行"（歌罗西书 2:6）。我们凭着信接受耶稣，我们也凭着信行在耶稣里面（哥林多后书 5:7）。

39. 腓立比书 4 章 13 节更准确地说是"我靠着基督在我里面所赐给我的能力，我凡事都能做。"

40 – 41. 耶稣是"我们所认为的大祭司"（希伯来书 3:1），也就是耶稣做我们的大祭司，祂在父面前为我们提名代求，但只有当我们认祂时，祂才会这样做。如果没有承认祂，我们就没有大祭司为我们求情。（对比希伯来书 4:14, 10:21-23）总的来说，我们只有两个选择：承认还是否认，没有别的选择。

44. "是因羔羊的血，和自己所见证的道"（启示录 12:11），我们必须亲身见证神的话所说基督耶稣的血为我们所成就的事。藉着耶稣的血，我们所得到的一些极大益处是：救赎（以弗所书 1:7），洁净（约翰一书 1:7）、称义（罗马书 5:9）和成圣（希伯来书 13:12）。

45. 比较罗马书 12 章 21 节，总之，只有两个选择：不是胜过恶，就是为恶所胜。还是那句话，没有别的选择。

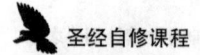 圣经自修课程

第四课 受水洗：如何？何时？为何？

引言

耶稣说："**信而受洗的必然得救**"（马可福音 16:16）。神拯救的方法到现在仍旧如此：首先要相信；然后要受洗。

当我们相信基督，我们的内在会发生改变。受水洗则是透过外在行为表现对神的顺服，见证我们内在所发生的改变。

藉着洗礼，我们与基督同埋葬，同复活。脱离我们有罪和失败的旧生命。从水中出来，象征我们成为新造的人，里面有神公义和得胜的新生命。

这一研习课程详细地解释了如何、何时和为何，我们必须受洗。

背诵经文：罗马书 6 章 4 节

☐ 背诵经文后在这里打勾。（每天复习前一课的经文）

问题

1. 耶稣为自己的受洗提出了什么理由?（太 3:15)
   ....

2. 圣灵如何表示祂喜悦耶稣受洗？(太 3:16)
   ....

3. 耶稣受洗后，天父说了些什么？（太 3:17)
   ....

4. 耶稣是否下到水里受洗？(太 3:16)
   ....

5. 若一个人希望得救,耶稣说这个人在相信福音之后要做些什么？(可 16:16)
   ....

6. 耶稣告诉门徒在给人施洗之前，要做些什么？（太 28:19)
   ....

7. 耶稣差遣门徒将这信息带给谁？（太 28:19)
   ....

8. 耶稣期望人在受洗之后做些什么？（太 28:20)
   ....

9. 彼得叫人在受洗之前做什么？(徒 2:38)
   ....

10. 彼得说有多少人应当受洗？(徒 2:38)
    ....

11. 那些满心欢喜接受神话语的人，有什么行动？(徒 2:41)

12. 撒玛利亚人相信腓利所传讲的信息后，他们做了什么？（徒 8:12）

....

13. 腓利对太监说，他先要做什么才可以受洗？（徒 8:37）

....

14. 太监是如何回答的？（徒 8:37）

....

15. 太监是否下到水里受洗了？（徒 8:38）

....

16. 太监受洗后感觉如何？（徒 8:39）

....

17. 哥尼流和他的朋友得救了，并接受了圣灵，彼得命令他们还需要做些什么？（徒 10:44 – 48）

....

18. 腓立比的狱卒和家人相信保罗的信息之后，他们做些什么？（徒 16:29 – 33）

....

19. 以弗所的信徒相信保罗的信息之后，做些什么？
    （徒 19:4 – 5）

....

20. 我们受洗后，要跟随基督的哪两个经历？（罗 6:4；西 2:12）

    (1).....................(2).....................

21. 保罗说信徒受洗后，应当如何生活？（罗 6:4）

   ....

22. 不同种族的信徒在洗礼后，彼此间有分别吗？（加 3:26 – 28）

   ....

23. 试述旧约中与新约有关的两个水洗的例子？

   (1) 林前 10:1 – 2；出 14:21 – 22

   ....

   (2) 彼前 3:20 – 21；创 6 – 7 章

   ....

默写经文：罗马书 6 章 4 节

....

....

....

....

回答完所有问题后，再翻到下一页

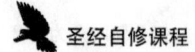
圣经自修课程

正确答案及得分

第四课

问题	答案	得分
1	因为我们理当这样尽诸般的义	2
2	祂（圣灵）仿佛鸽子降下，落在祂身上	2
3	这是我的爱子，我所喜悦的	2
4	是	1
5	他要受洗	1
6	使他们作主的门徒	1
7	普天下	1
8	照耶稣所吩咐的去做；凡祂所教导的都遵守	2
9	要悔改	1
10	每一个人	1
11	他们受洗	1
12	他们都受洗	1
13	一心相信	1
14	我相信耶稣基督是神的儿子	1
15	是	1
16	他就欢欢喜喜地离开	1
17	受洗	1
18	他们受了洗	1
19	他们受了洗	1

20	(1)埋葬 (2)复活	1 1
21	他们应当有新生的样式	2
22	没有分别	1
23	(1)以色列人过红海 (2)挪亚及家人在方舟里渡过洪水之灾	2 2

查考《圣经》，核对默写经文；若全对，每一节经文得4分。　4
（每错一处，扣1分；一节有三个错误以上，该节经文0分）

总分　36

18 个正确答案 = 50%
25 个正确答案 = 70%
29 个正确答案 = 80%

正确答案注释
第四课

1 – 4. 约翰的洗礼是"悔改的洗礼",是因着认罪而来的(可1:4-5),但耶稣完全没有罪,也无需认罪或悔改。然而,藉着受洗,耶稣显示出对神旨意的顺服。藉着这个举动,祂为人们设立一个榜样。耶稣给出这样的理由:"因为我们理当这样尽诸般的义。"(太 3:15)

"这样"是指耶稣受洗的完美榜样:进入水中,从水中出来。"我们理当"是指祂所树立的完美榜样,让所有真心的信徒都效法祂完全顺服。"尽诸般的义"是祂如此行设立的完美理由:为了完全所有的义。

首先,基督徒是凭着相信基督而称义,然后,他藉着一个外在顺服的举动,即受洗,来完成这个内在的义。

透过这样的理解,洗礼是圣父、圣子、圣灵三位一体神所明确认可的。

5、6、9、13.

一个人在受洗前,应当满足下面三个条件:(1) 有人教导他受洗的意义和缘由;(2) 他为自己的罪悔改;(3) 他相信耶稣基督是神的儿子。

7、10、11、12、17、18、19.

耶稣告诉自己的门徒,洗礼是为"普天下的人",没有一个例外的。为了满足这个旨意,《新约》的记载说明所有的初信者都要受洗。大多数情况,洗礼都在归信当天进行,归信与洗礼之间没有必要延迟。就像早期教会一样,今天也应当随从这种模式。

8、20、21. 藉着公开的洗礼,基督徒与基督一同埋葬和复活。受洗之后,信徒要过公义的新生活。藉着恩典与圣灵的能力，信徒可以有新的生命。

23. (1)哥林多前书10章1-2节呈现了神百姓的双重洗礼："在云里和海里"。"在云里"的洗礼是描写圣灵的洗，"在海里"的洗礼是描写水洗。(2) 挪亚一家因着信进入方舟（= 基督），然后，他们在方舟里渡过了水灾（= 受洗）。因此，他们脱离神的审判，得救了。他们离开旧的、不敬虔的世界，进入全新的生命。

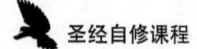

第五课 圣灵

引言

耶稣在世上每天的服侍中,完全靠圣灵。

圣灵在约旦河中降临到耶稣身上。在此之前,耶稣没有讲过一篇道、或者行过一次神迹。在那之后,耶稣所做的一切都是靠着圣灵的能力。

耶稣快要升天时应许门徒,祂要从天上差圣灵来。祂差圣灵来,这样门徒们也能够有圣灵。这个应许在五旬节那一天应验了,门徒们都受了圣灵的洗。圣灵是帮助者,圣灵供应门徒们所有属灵的需要。

背诵经文:使徒行传 2 章 38 – 39 节

☐ 背诵经文后在这里打勾。(每天复习前一课的经文)

问题

1. 为了耶稣在地上的服侍,天父以什么膏抹了耶稣？（徒 10:38）

   ....

2. 施洗约翰看见什么降临并住在耶稣身上？（约 1:32-33）

   ....

3. 谁在耶稣身上,帮助祂传道和医治有需要的人？（路 4:18）

   ....

4. 耶稣说祂凭什么能力赶鬼？（太 12:28）

   ....

5. 耶稣说祂回到天上之后,会要求天父差派谁与门徒同在？
   （约 14:16、26,15:26）

   ....

6. 耶稣怎样形容保惠师？（约 14:17,15:26）

   ....

7. 耶稣说圣灵会为门徒做哪两件事情？（约 14:26）

   (1) ....

   (2) ....

8. 耶稣说圣灵还以什么其他方式帮助门徒？（约 16:13）

   ....

9. 写出圣灵向门徒启示耶稣的两种方式。

   (1) 约 15:26 ....

   (2) 约 16:14 ....

10. 耶稣说门徒什么时候会得着能力，且要在耶路撒冷为祂做见证？（徒 1:8）

   ....

11. 施洗约翰告诉人们，耶稣会为他们做些什么？（可 1:8）

   ....

12. 耶稣在升天之前，给了门徒什么应许？（徒 1:5）

   ....

13. 耶稣告诉门徒在这应许实现之前，要做些什么？（路 24:49）

   ....

14. 耶稣所应许的圣灵哪一天降临在门徒身上？（徒 2:1-4）

   ....

15. 为什么耶稣在世上时不能赐下圣灵给门徒呢？（约 7:39）

   ....

16. 耶稣回到神右边祂的荣耀宝座时从天父那里领受了什么？（徒 2:33）

   ....

17. 未信者当时怎么知道耶稣已浇灌圣灵在门徒的身上？（徒 2:33）

   ....

18. 未信者听见门徒藉着圣灵的能力做什么？（徒 2:7-11）

   ....

19. 神应许在末世时，向谁浇灌祂的灵？（徒 2:17）

   ....

20. 彼得说所应许的圣灵要赐给谁呢？(徒 2:39)

   ....

21. 天父给向祂祈求的儿女什么应许？(路 11:13)

   ....

默写经文：使徒行传 2 章 38-39 节

   ....

   ....

   ....

   ....

回答完所有问题后，再翻到下一页

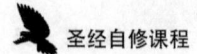
圣经自修课程

正确答案及得分
第五课

问题	答案	得分
1	圣灵和能力	1
2	（仿佛鸽子的）圣灵	1
3	主的灵	1
4	藉着神的灵	1
5	保惠师(圣灵)	1
6	真理的灵	2
7	(1)将一切事指教他们 (2)叫他们想起耶稣对他们所说的一切话	1 2
8	祂会引导门徒明白一切的真理	1
9	(1)祂见证耶稣 (2)祂荣耀耶稣	2
10	圣灵降临在他们身上时	1
11	祂会用圣灵给他们施洗	1
12	不久之后，他们就会受圣灵的洗	2
13	在耶路撒冷等候、直到他们得到从上头来的能力	2
14	五旬节	1
15	因为耶稣尚未得着荣耀	1
16	应许的圣灵	1
17	他们看见和听见	1
18	他们讲说那些未信者国家的语言	2

第五课 圣灵

19	凡有血气的（所有人）	1
20	给你们和你们的儿女，并一切在远方的人，就是主我们神所召来的。	3
21	圣灵	1

查考《圣经》，核对默写经文；若全对，每一节经文得4分。　8
（每错一处，扣1分；一节有三个错误以上，该节经文0分）

总分　38

19 个正确答案 = 50%
27 个正确答案 = 70%
30 个正确答案 = 80%

正确答案注释
第五课

1 – 5. 英文"基督"一词源自希腊文，意指"受膏者"。这恰好和希伯来文的"弥赛亚"是一样的，也是"受膏者"的意思。当圣灵从天上降临到耶稣身上时，祂成了弥赛亚—那位受膏者。这发生在约旦河边，是在施洗约翰给耶稣施洗之后。

"基督"或"弥赛亚"的称呼向我们显示了藉着圣灵的膏抹，耶稣地上的服侍才能实现。神也渴望所有基督徒得到圣灵的膏抹。"那在基督里坚固我们和你们，并且膏我们的就是神"（哥林多后书 1:21）。"你们从主所受的恩膏常存在你们心里……"（约翰一书 2:27）。

基督徒实际上就是"受膏抹的一群人"，要成为真正的门徒，基督徒必须依靠圣灵。耶稣自己也依靠圣灵，耶稣向我们指明了这个方法。

5 – 6. 另一个用来形容圣灵的词是"辩护者"，辩护者是陈述案情的人，是个律师。耶稣在约翰一书 2 章 1 节也用了同样的词，耶稣在天上为信徒辩护。圣灵藉着信徒在地上为基督耶稣辩护。（见马太福音 10:19-20）

6 – 9. 在约翰福音 16 章 7 节耶稣说："……我去是与你们有益的；我若不去，保惠师就不到你们这里来；我若去，就差祂来。"当耶稣回到天家，差遣圣灵临到门徒身上时，门徒对耶稣立刻有进一步的认识与了解；胜过耶稣在世上与他们同在的时候。于是，圣灵完成了祂的工作，圣灵来是要启示、解释和荣耀基督的性情、工作和信息。这也是今天圣灵对我们的服侍。

11. 在四福音书一开始，施洗约翰就指耶稣是"以圣灵施洗的那一位"。新约把基督这部分的工作放在非常重要的位置。基督教会也应当这样。

12 – 13.	福音书开始和结尾都带有受圣灵洗的应许。
15 – 16.	耶稣藉着在十字架上的死使信徒得着所应许的圣灵(加拉太书 3:13-14)；耶稣复活升天后，祂有特权从天父那里接受这一份恩赐，再把这恩赐赐给祂的门徒。
17 – 18.	在《新约》中，以讲说其他语言的超自然迹象来印证圣灵的洗。
18 – 21.	在这个时代的末了，神应许要将圣灵浇灌所有的人，每个基督徒都有权利求这个恩赐。

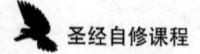
圣经自修课程

第六课 受圣灵洗的结果

引言

受圣灵洗是来自天上的礼物，接受这个恩赐的信徒就拥有超自然的能力，能够以"耶稣门徒"这样的称谓作见证，参与服侍。

接受这个恩赐的信徒，以他们能够用未知的语言说话或祷告为记号。这个记号——或礼物——是藉着圣灵所赐的。这就是为什么有时被称做是在圣灵里祷告。《圣经》也称它为"说别国的话"（使徒行传 2:4）。在新约教会，这种经历被视为对所有信徒都是正常的事。

通过用这种语言祷告，基督徒建立他自己的属灵生活，能直接、持续地与神沟通。这为信徒打开了属天的大门，使信徒在生命中能彰显圣灵恩赐，结出圣灵的果子。

背诵经文：使徒行传 2 章 17-18 节

☐ 背诵经文后在这里打勾。（每天复习前一课的经文）

问题

1. 五旬节那天，门徒都被圣灵充满，有什么事情发生在门徒身上？(徒 2:4)

   ....

2. 谁给撒玛利亚人传道，叫他们相信耶稣是弥赛亚？(徒 8:12)

   ....

3. 彼得和约翰在撒玛利亚为那里的基督徒祷告些什么？(徒 8:15)

   ....

4. 撒玛利亚的基督徒怎样领受圣灵？(徒 8:17)

   ....

5. 大数的扫罗（保罗）是如何领受圣灵的？(徒 9:17)

   ....

6. 彼得在哥尼流家传道时，当时在场听道的所有人身上发生了什么？(徒 10:44)

   ....

7. 彼得和他的同伴，怎样知道哥尼流的一家已经领受了圣灵？(徒 10:45 – 46)

   ....

8. 保罗对以弗所的门徒提了什么问题？(徒 19:2)

   ....

9. 以弗所的这些信徒什么时候接受圣灵？(徒 19:6)

   ....

10. 圣灵降临在这些门徒身上之后，有什么事情发生？
   (徒 19:6)

   ....

11. 保罗自己讲方言的次数是多少？(林前 14:18)

   ....

12. 写出三种基督徒讲未知的语言时所做的事。(林前 14:2、4)

   (1) ....

   (2) ....

   (3) ....

13. 基督徒用未知的语言祷告，是他的什么部分在祷告？
   (林前 14:14)

   ....

14. 耶稣说真实的敬拜，应当是怎样的？(约 4:23–24)

   ....

15. 犹大如何劝慰基督徒在他们的信心中建造自己？(犹 20)

   ....

16. 基督徒说方言之后，他接着应该求什么？(林前 14:13)

   ....

17. 在聚会中若没有人翻方言，基督徒当如何说方言？
   (林前 14:28)

   ....

18. 保罗是否说他希望基督徒只要说方言？(林前 14:5)

   ....

19. 保罗说有多少基督徒应该作先知讲道？(林前 14:31)

   ....

20. 基督徒是否应该忽视属灵恩赐？(林前 12:1)

   ....

21. 列出九项属灵的恩赐。(林前 12:8 – 10)

   (1)......................(2)......................

   (3)......................(4)......................

   (5)......................(6)......................

   (7)......................(8)......................

   (9)......................

22. 圣灵所结的九种果子是什么？(加 5:22 – 23)

   (1)......................(2)......................

   (3)......................(4)......................

   (5)......................(6)......................

   (7)......................(8)......................

   (9)......................

23. 基督徒可否只有属灵的恩赐，而没有属灵的果子呢？
    (林前 13:1 – 2)

   ....

24. 基督徒可否只有属灵的果子，而没有属灵的恩赐呢？
    (林前 12:31，14:1)

   ....

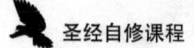

25. 在这世代的末期,圣灵浇灌后有哪三种超然结果?(徒 2:17)

   (1) ....

   (2) ....

   (3) ....

26. 写出基督徒相聚时,可以藉着哪五件事来造就人。
   (林前 14:26)

   (1).....................(2).....................

   (3).....................(4).....................

   (5).....................

默写经文:使徒行传 2 章 17-18 节

....

....

....

....

回答完所有问题后,再翻到下一页

正确答案及得分
第六课

问题	答案	得分
1	他们都按着圣灵所赐的口才说起别国的话来	2
2	腓利	1
3	叫他们受圣灵	1
4	彼得和约翰按手在他们头上	1
5	亚拿尼亚按手在他身上	1
6	圣灵降临在他们所有人身上	1
7	因听见他们说方言,称赞神为大	1
8	你们信的时候,受了圣灵没有?	1
9	保罗按手在他们头上	1
10	他们讲方言、也说预言	1
11	比他们众人还多（即比哥林多教会所有的基督徒还多）	1
12	(1)他是对神说（并非对人说） (2)他述说各样的奥秘 (3)他造就自己	1 1 1
13	他的灵	1
14	用心灵与诚实	1
15	在圣灵里祷告	1
16	求能翻方言	1
17	他只对自己和神说方言	1
18	不是	1
19	所有基督徒	1
20	不应该	1
21	(1)智慧的言语 (2)知识的言语 (3)信心	1 1 1

21	(4)医治的恩赐 (5)行异能 (6)作先知 (7)辨别诸灵 (8)说方言 (9)翻方言	1 1 1 1 1 1
22	(1)仁爱 (2)喜乐 (3)和平 (4)忍耐 (5)恩慈 (6)良善 (7)信实 (8)温柔 (9)节制	1 1 1 1 1 1 1 1 1
23	不应该	1
24	不应该	1
25	(1)我们的儿女要说预言 (2)少年人要见异象 (3)老年人要作异梦	1 1 1
26	(1)诗歌 (2)教训 (3)方言 (4)启示(属灵洞察) (5)翻出来的话	1 1 1 1 1

查考《圣经》，核对默写经文；若全对，每一节经文得4分。　8
（每错一处，扣1分；一节有三个错误以上，该节经文0分）

总分　49

10 个正确答案 = 50%
41 个正确答案 = 70%
47 个正确答案 = 80%

第六课 受圣灵洗的结果

正确答案注释
第六课

1. "因为心里所充满的，口里就说出来。"（太 12:34）被圣灵充满的最初流露是从信徒口里而出的。

2 - 4. 藉着腓利对撒玛利亚人的服侍，他们很多人都得救，得到医治。但是这对使徒来说还是不够的，他们也希望所有初信者都领受圣灵。于是，得救以后，撒玛利亚的新信徒都领受了圣灵。这是从彼得和约翰的服侍而来的。

5. 注意，亚拿尼亚只是个"门徒"（使徒行传 9:10）。因此，按手祈求圣灵并不一定只限使徒才可以。同样，圣灵降临不一定必须藉着按手。在使徒行传 2 章 2-4 节和 10 章 44-46 节，信徒没经过按手也受了圣灵。

8 - 10. 像撒玛利亚信徒一样，以弗所的信徒在得救之后就受了圣灵的洗，这也是一个个别的经历。正如使徒行传 2 章 4 节和 10 章 46 节一样，他们也经历了说方言（在使徒行传 19:2-6，也说预言）。

11 - 15. 说方言的主要用途是为了个人敬拜和祷告，信徒在自己的头脑中并不明白自己在说什么，但他的灵直接与神沟通。他以这种方式能够建造自己。

16 - 17. 基督徒藉着翻方言的恩赐就可以知道被说出来的陌生语言的意思。在公开聚会中，若有人说方言，也应该有人翻方言。没有人翻方言，信徒就应该只"对自己及对神"说就好。（哥林多前书 14:28）

19. 发预言是说圣灵所赐的话，但说出的话是讲者和听者都明白的语言。

21 - 24. 恩赐与果子之间有区别，恩赐是所赐的，一次全部接受。

果子是藉着工作和等候而来的（见提摩太后书 2:6）。想想挂着礼物的圣诞树和结着果子的苹果树之间的区别。在属灵上，恩赐不能代替果子，果子不能代替恩赐。神要所有基督徒两者都具备。（注意，爱从来都不被称作是恩赐。）

25 – 26. 受圣灵的洗会带来很多结果，有超自然的恩赐和果子。藉着这些，基督徒可以彼此服侍。所有这一切都超过一个人的本能或教育。

第一部分小结

恭喜你！

你现在已经完成了前六课的学习，思考一下这意味着什么！

你已经藉着学习下面的主题开始你公义的训练：

◆ 《圣经》是神的话；

◆ 神对所有人的拯救计划，你如何能进入享受其中的好处；

◆ 水洗重要性的教导；

◆ 圣灵的供应，及其所有好处。

在这个过程中，你查考了这些问题的答案，查考了170节以上的经文！你也背了10节重要的经文。

有时你会感到困难。你可能会问自己，花这么多时间和精力真的值得吗？但这的确能证实所罗门对寻求智慧说过的话：搜求它，如搜求隐藏的珍宝（见箴言2:1-5）。

搜求是艰难、繁重的工作，会产生肌肉酸痛和起水泡。因此，如果你在学习这前六课内容时经历一些脑力"酸痛"和"水泡"，也不奇怪。

另一方面，你也发展了脑力和属灵"肌肉"。你在建造内心毅力和品格力量。"酸痛"和"水泡"是暂时的——他们会过去的，但你要发展的品格会永远与你同在，这是将来成功的核心基础，无论你在生命中走什么样的路。

所以，不要为了暂时的缘故牺牲永久的东西！继续搜求！珍宝就藏在你搜求的过程中。

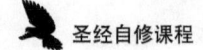
圣经自修课程

第一部分复习

在你继续后面的令人兴奋的新内容之前,总结到目前为止你所学到的内容,你会受到鼓舞,你的信心也得到了坚固。下面是几个有帮助的方式。

首先,仔细思考前面六课的所有问题以及正确答案。检查自己是否知道和明白每个问题的正确答案。

其次,复习前六课中你已经背诵和默写的所有经文。

第三,仔细阅读下面的问题,思考你会如何回答它们。每个问题都以某种方式与你已经学过的内容有关。

(1) 你是如何将神对罪的救赎应用到你自己的生活中?
(2) 在你学习和顺服神的话时,你期待在自己生命中得到什么益处。
(3) 描述圣灵是以什么样的方式在你属灵生命中帮助你的。
(4) 以色列过红海在哪些方面是那些跟随耶稣受洗之人的榜样?

最后,用另外一张纸写下你自己对上列问题的回答。

* * * *

这部分复习不计分,其目的是要帮助你将你所发现的真理整合。当你感到这些都已经圆满完成了,你就可以往下进行第七课的学习。

第二部分
更深的生命

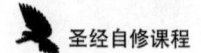
圣经自修课程

第七课 敬拜与祷告

引言

敬拜是神供给基督徒进入神的同在的方式,祷告是基督徒得着神供应的方法。

藉着祷告,基督徒从神那里接受三件事。

◆ 所需的导引

◆ 帮助

◆ 生命的力量

希望神听到他们祷告的基督徒必须敬拜祂,同样,当基督徒每天花时间祷告和读《圣经》时,他们都会从中得到益处,更有果效。

世界上最有能力的人是知道如何祷告并知道祷告如何蒙应允的人。

为了能以这种方式祷告,我们必须有圣灵的帮助。我们必须仔细遵行跟随神话语的指示,我们这一课就专门学习这些教导。

背诵经文:约翰福音 15 章 7 节

☐ 背诵经文后在这里打勾。(每天复习前一课的经文)

第七课 敬拜与祷告

问题

1. 神在寻找什么样的人？(约 4:23 – 24)

   ....

2. 主喜悦谁的祷告？(箴 15:8)

   ....

3. 怎样的祷告产生重大的果效？(雅 5:16)

   ....

4. 若我们希望神垂听我们的祷告，我们必须做哪两件事情？(约 9:31)

   (1) ....

   (2) ....

5. 靠着什么，我们得以坦然地进到神跟前？(来 10:19)

   ....

6. 我们应该带着哪两种态度进到神面前？(诗 100:4)

   (1) ....(2) ....

7. 基督徒应当做什么，以取代担心或焦虑？(腓 4:6)

   ....

8. 我们应该存有怎样的动机，奉谁的名祷告？(约 14:13)

   ....

9. 在哪两个条件之下，我们可以向神祈求我们心所愿的？(约 15:7)

   (1) ....(2) ....

10. 从下列经文中，找出四样会拦阻祷告蒙应允的问题。

(1) 诗 66:18 ....

(2) 雅 1:6 – 7 ....

(3) 雅 4:3 ....

(4) 彼前 3:7 ....

11. 为了胜过撒旦的权势,我们需要怎样的祷告（可 9:29）

....

12. 我们祷告时需要存着怎样的态度,才能得着我们所盼望的？
（可 11:24）

....

13. 我们祷告时,若想起有什么与他人为敌的地方,我们必须先怎样做？（可 11:25）

....

14. 若我们祷告的时候饶恕人,神会怎样对待我们？（可 11:25）

....

15. 若我们不肯饶恕人,神会怎样对待我们？（可 11:26）

....

16. 若我们按着神的旨意祷告,有哪两件事情是肯定的？
（约一 5:14 – 15）

(1) ....

(2) ....

17. 大卫说,他的每一天如何开始？（诗 5:3）

....

18. 大卫决定每一天用哪三段时间祷告？（诗 55:17）

(1) ....(2) ....

(3) ....

19. 除了定时的祷告外,我们应该多久祷告一次?
    (弗 6:18;帖前 5:17)

    ....

20. 在我们软弱或不晓得怎样祷告时,谁能够帮助我们照着神的旨意祷告?(罗 8:26 – 27)

    ....

21. 我们单独祷告时,我们必须采取什么行动?(太 6:6)

    ....

22. 耶稣说这样的祷告会得到什么赏赐?(太 6:6)

    ....

23. 若我们与基督徒相聚,奉主耶稣的名一起祷告,耶稣给予我们什么应许?(太 18:20)

    ....

24. 基督徒在一起祷告的时候,应该彼此存有怎样的态度?
    (太 18:19)

    ....

25. 我们应当首先为谁祷告?(提前 2:1 – 2)

    ....

26. 保罗在这里建议祷告时身体有什么动作?(提前 2:8)

    ....

27. 祷告的时候,我们应该慎防哪两种错误的心思、态度?
    (提前 2:8)

    (1) ....(2) ....

28. 祷告蒙应允的结果是什么?(约 16:24)

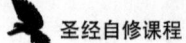
圣经自修课程

默写经文：约翰福音 15 章 7 节

....
....
....
....

回答完所有问题后，再翻到下一页

正确答案及得分
第七课

问题	答案	得分
1	真正的敬拜者,以心灵和诚实敬拜神	2
2	正直人的祷告	1
3	义人祷告所发出的力量是大有功效的	2
4	(1)敬拜神 (2)遵行神的旨意	1
5	藉着耶稣的宝血	1
6	(1)感恩 (2)赞美	1
7	凡事藉着祷告、祈求和感谢,将我们所要的告诉神	3
8	叫神得荣耀,奉耶稣的名	2
9	(1)我们在基督里面 (2)祂的话语在我们里面	1
10	(1)若我们心里注重罪孽 (2)若我们不凭信心求,心里带着疑惑 (3)若我们(以错误的动机)为自己的享乐妄求 (4)丈夫与妻子之间没有良好的关系	1
11	禁食祷告	1
12	只要信是得着的,(在祷告时)就必得着	1
13	我们必须饶恕他们	1
14	神会饶恕我们	1
15	神也不会饶恕我们	1
16	(1)神听我们一切所求的 (2)我们所求于祂的,无不得着	1 1

17	他向神陈明心意，也警醒	2
18	(1) 晚上 (2) 早上 (3) 中午	1 1 1
19	经常，不间断	1
20	圣灵	1
21	进入我们的内室，关上门独自祷告	1
22	天父在暗中察看、必然报答我们	1
23	耶稣自己在我们中间	1
24	我们应当同心合意地祈求	2
25	为君王和一切在位的祷告	1
26	举起圣洁的手	1
27	(1) 愤怒 (2) 疑惑	1
28	喜乐——完全的喜乐	1

查考《圣经》，核对默写经文；若全对，每一节经文得4分。　**4**
（每错一处，扣1分；一节有三个错误以上，该节经文0分）

总分　49

25 个正确答案 = 50%
34 个正确答案 = 70%
39 个正确答案 = 80%

正确答案注释
第七课

神愿意也有能力应允祷告,整本《圣经》,特别是新约,都说明这是真实的(见马太福音 7:7-8)。事实上,神应允祷告的意愿,比人祷告的意愿更强。可是,若要祷告蒙神应允,我们必须达到神的要求。这一研习题大部分答案都是针对这些要求的。总结如下:

5、8、23. 身为罪人,我们只有藉着基督耶稣做我们的赎罪祭才能到神面前。我们依靠耶稣,祂在父面前为我们说话。藉着接受这一事实,我们靠着耶稣的名和祂的宝血来到神面前。

1、4(1)、6、7.

正确的作法:敬拜、感谢、赞美。

1、2、3、4(2)、9(1).

正确的品格:诚实、正直、公义和顺服(这一切的品格,惟有当我们在基督里才能达成)。

8、10(3)、10(4)、13、14、15、24、27(1).

正确的动机:为叫神得荣耀,而不是只求满足个人的私欲。也要和他人有正确的关系,特别是与我们最亲近的人。

9(2)、16、25.

按着神的旨意和祂话语的启示来祷告。

10(2)、12、16(2)、27(2).

在我们祈求的那一刻凭信心相信,神就应允祷告。"现在正是悦纳的时候"(哥林多后书 6:2)。

17、18、19.

"常常祷告，不可灰心"。（路加福音 18:1）

3、11、21、26.

恳切，不求自己的益处；委身。（以谦卑的心投入祷告，单独向神祷告）

20. 不可单靠自己的力量或意志理解，必须祈求得着圣灵超然的帮助。

22、28. 正确祷告的奖赏。

第八课 神医治我们身体的计划（之一）

引言

人因为不肯顺服神而远离神，也就失去了神的祝福和保护，落入诅咒和魔鬼的权势之下。于是，魔鬼使人的身体有各样痛苦、软弱和疾病。

然而，神以祂的怜悯仍然渴望祝福人，仍要拯救人脱离罪和疾病。基督耶稣为我们死在十字架上时，背负了我们的罪，也承担了我们的疾病。这是拯救的好消息。

因此，藉着信靠耶稣，我们现在就可获得身体上的医治，灵里的赦免和平安。

背诵经文：彼得前书 2 章 24 节

☐ 背诵经文后在这里打勾。（每天复习前一课的经文）

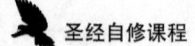
圣经自修课程

问题

A. 谁带来疾病,谁带来健康?

1. 谁首先欺骗人使人不顺服神?
   (创 3:1 – 13;约一 3:8;启 12:9)
   ....

2. 为何痛苦、疾病和死亡临到人的身上?(创 3:14 – 19)
   ....

3. 谁将疾病带给约伯的?(伯 2:7)
   ....

4. 谁将疾病带给路加福音 13 章 11,16 节的妇女,她是如何被捆绑的?
   ....

5. 谁使用疾病压制人?(徒 10:38)
   ....

6. 神对那些顺服祂的百姓有什么应许?(出 15:26)
   ....

7. 神对那些服侍祂的人,应许哪两件事情?(出 23:25)
   (1) ....
   (2) ....

8. 疾病是属于神的百姓,还是他们的敌人?(申 7:15)
   ....

9. 大卫说神为他做了哪两件事情?(诗 103:3)

(1) ....(2) ....

10. 哪三件事情是使徒约翰对他主内亲爱兄弟的愿望？(约三 2)

   (1) ....

   (2) ....

   (3) ....

11. 有多少神的应许我们能奉耶稣的名说"是"和"阿们"？
    (林后 1:19 – 20)

   ....

12. 基督为什么来到这个世界？(约一 3:8)

   ....

13. 神以圣灵膏抹基督的目的何在？(徒 10:38)

   ....

14. 基督来到世上是行谁的旨意？(约 5:30，6:38)

   ....

15. 谁在基督里面施行神迹？(约 10:37 – 38，14:10)

   ....

16. 来到基督跟前的人，祂医治了多少？
    (太 8:16，12:15，14:35 – 36；路 4:40，6:19)

   ....

17. 基督医治了多少种疾病？(太 4:23 – 24，9:35)

   ....

18. 基督不医治众人的原因是什么？(太 13:58；可 6:5 – 6)

   ....

19. 神有没有改变过？(玛 3:6；雅 1:17)

....

20. 基督耶稣有没有改变过?（来 13:8）

   ....

B. 基督被钉死在十字架上的目的

21. 试述基督耶稣为我们承担的三件事。（太 8:17；彼前 2:24）

   (1) ....

   (2) ....

   (3) ....

22. 因此，我们的生活可以有哪三种结果？（彼前 2:24）

   (1) ....

   (2) ....

   (3) ....

23. 谁代替我们受了诅咒？（加 3:13）

   ....

24. 耶稣从哪里把我们赎出来？（加 3:13）

   ....

25. 律法的咒诅包含了多少种疾病？
    （申 28:15、21 - 22、27 - 28、35、59 - 61）

   ....

26. 神要我们选择祝福还是咒诅？（申 30:19）

第八课 神医治我们身体的计划（之一）

默写经文：彼得前书 2 章 24 节

....

....

....

....

回答完所有问题后，再翻到下一页

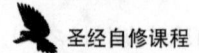圣经自修课程

正确答案及得分
第八课

问题	答案	得分
1	毒蛇、魔鬼、撒旦	1
2	因为世人不顺服神	1
3	撒旦——魔鬼	1
4	撒旦用疾病捆绑她	2
5	魔鬼	1
6	不将加在埃及人的疾病加在他们身上——医治他们	2
7	(1)祝福他们有粮食和水 (2)免除他们的疾病	1 1
8	属于神百姓的敌人	1
9	(1)主赦免他的罪 (2)主医治他一切的疾病	1 1
10	(1)凡事兴盛 (2)身体健壮 (3)灵魂兴盛	1 1 1
11	神所有的应许	1
12	为要除灭魔鬼一切的作为	1
13	行善事、医治所有被魔鬼压制的人	1
14	神天父的旨意	1
15	天父	1
16	所有人——每一个	1
17	每一种疾病	1
18	因为他们不信	1
19	从来不改变	1
20	从来不改变	1

第八课 神医治我们身体的计划（之一）

21	(1)我们的软弱 (2)我们的疾病 (3)我们的罪	1 1 1
22	(1)我们可以在罪中死 (2)我们可以在义中活 (3)我们得医治	1 1 1
23	耶稣	1
24	律法的咒诅	1
25	每一种疾病	1
26	祝福	1

查考《圣经》，核对默写经文；若全对，每一节经文得4分。　4
（每错一处，扣1分；一节有三个错误以上，该节经文0分）

　　　　　　　　　　　　　　　　　　　　　总分　40

20个正确答案 = 50%
28个正确答案 = 70%
32个正确答案 = 80%

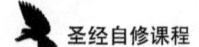
圣经自修课程

正确答案注释
第八课

1 – 2. 创世记第 3 章启示人类的苦难源自魔鬼，耶稣自己说魔鬼是："牠从起初是杀人的。"（约翰福音 8:44）

3 – 5. 倘若我们追究所有疾病的根源，魔鬼是疾病的唯一罪魁祸首。疾病是"魔鬼的工作之一"。（约翰一书 3:8）

6. 出埃及记 15 章 26 节的另一种译法是："我耶和华是你的神。"

9. 注意"一切"这个词，诗篇 103 篇 3 节说："一切的罪孽"和"一切疾病"。

10. 注意约翰在书信中所指的该犹，他是信徒的模范。他按真理而行，衷心履行基督徒的职责。（约翰三书 3-5 章）

11. 哥林多后书 1 章 20 节反驳现今时代否定基督徒身体得医治的论调，神的所有应许是为我们（今天）预备的，这包括所有基督徒，意思是："一切适用我情况和满足我需要的应许都是给我现在的。"

13. 神性的三个位格在医治的服侍当中都参与了，父用圣灵膏抹了子，结果是所有人得医治。

14 – 15. 基督的一生完美地向我们启示了父的旨意，在医治和耶稣所做其他所有的事情来说，也是如此。

16 – 18. 所有到耶稣面前的人都得到了医治，这是福音书所告诉我们的。

19 – 20. 福音的真理是稳固的磐石，是不改变的。福音不变的真理是基于神本身不变的属性。

21. 马太和彼得都引用以赛亚书 53 章 4-5 节的经文，读以赛亚书 53 章 4 节正确的方法是："祂诚然担当我们的疾病，背负我们的痛苦。""祂"是基督耶稣。在彼得前书 2 章 24 节中，"医治"这个词是取自希腊词，英语中的医生就是从这个希腊词而来的。耶稣的确是我们的医生。

24. "律法的咒诅"（加 3:13）是指破坏律法所带来的咒诅。在申命记 28 章 15-68 节全面描述了这种咒诅，它包括各种形式的疾病。

26. 神设立了两组相对的选择，(1) 生命和祝福，或 (2) 死亡和咒诅，让人自己来选择。

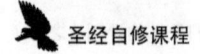
圣经自修课程

第九课 神医治我们身体的计划（之二）

引言

我们身体从神那里得到医治，我们得到医治是当我们：

◆ 听神的话
◆ 相信神的话
◆ 有信心，让神的灵用耶稣基督复活的生命充满我们的身体

我们甚至也可以奉耶稣的名给其他人提供医治和释放，释放是脱离不洁的灵。主要有两种给别人提供医治和释放的方式，我们通过以下的方式：

◆ 按手在病人身上，为他们祷告
◆ 找教会的长老，奉耶稣的名为他们抹油祷告

如果我们凭信心这样行，神就与我们同工，藉着医治和释放的神迹来印证他话语的真实。

背诵经文：马可福音 16 章 17-18 节

☐ 背诵经文后在这里打勾。（每天复习前一课的经文）

问题

C. 医治的三种方法：
(1) 神的话语；(2) 神的灵；(3) 我们的信心

27. 神怎样医治和拯救我们？(诗 107:20)
   ....

28. 神的话语带给其儿女哪两个好处？(箴 4:20 – 22)
   (1) ....(2) ....

29. 若神的灵住在我们里面，祂会为我们这必死的身体做什么？(罗 8:11)
   ....

30. 神希望在我们这必死的身体上彰显什么？(林后 4:10 – 11)
   ....

31. 耶稣在那些来到祂跟前求医治的人身上寻找什么？
    (太 9:28 – 29；可 2:5，9:23；路 8:50)
   ....

32. 彼得如何解释那瘸子得医治？(徒 3:16)
   ....

33. 保罗定睛看见在路司得的瘸子，什么使这瘸子得医治了？
    (徒 14:8 – 10)
   ....

34. 信心如何临到我们？(罗 10:17)
   ....

D. 信徒受托的权柄

35. 列出基督赋予祂门徒的两种能力。(太 10:1)

    (1) ....

    (2) ....

36. 列出基督吩咐门徒去做的四件事。(太 10:8)

    (1) ....(2) ....

    (3) ....(4) ....

37. 门徒不能治好那瘫痪的病人，耶稣说出哪两个原因？
    (太 17:20 – 21；可 9:29)

    (1) ....

    (2) ....

38. 耶稣说，相信祂的人能做两件事，是哪些事？(约 14:12)

    (1) ....

    (2) ....

39. 信徒奉主耶稣的名，可以为生病的人做什么？(可 16:17 – 18)

    ....

40. 那些病人身上会发生什么事情？(可 16:18)

    ....

41. 基督徒若生病了，应该怎么办？(雅 5:14)

    ....

42. 教会的长老应该为病人做哪两件事？(雅 5:14)

    (1) ....(2) ....

43. 主为生病的基督徒做哪两件事？(雅 5:15)

(1) ....(2) ....

44. 怎样的祷告可以医治病人？(雅 5:15)

   ....

45. 哪两件事是门徒奉耶稣的名向神祈求必会成就的？
    (徒 4:29 – 30)

   (1) ....

   (2) ....

46. 门徒出去传道，主为他们做了两件什么事？(可 16:20)

   (1) ....

   (2) ....

默写经文：马可福音 16 章 17-18 节

....

....

....

....

回答完所有问题后，再翻到下一页

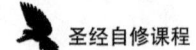
圣经自修课程

正确答案及得分
第九课

问题	答案	得分
27	祂（神）发命	1
28	(1)生命 (2)医全体的良药	1
29	祂会使我们必死的身体又活过来	1
30	耶稣的生命	1
31	信心	1
32	因信耶稣的名治好他	2
33	那瘸子是因有信心而得医治	1
34	靠着聆听神的话	2
35	(1)赶逐污鬼的能力 (2)医治各种病症的能力	2 2
36	(1)医治病人 (2)洁净麻风病人 (3)叫死人复活 (4)赶鬼	1 1 1 1
37	(1)因为他们信心小 (2)若不祷告、禁食，就不出来	1 1
38	(1)做祂所做的事 (2)要做比这些更大的事	1 1
39	信徒可以奉耶稣的名，按手在病人身上	1
40	他们就必好了	1
41	他可以请教会的长老来	1
42	(1)为他祷告 (2)奉主耶稣的名用油抹他	1 1

43	(1)主必叫他起来 (2)若他犯了罪，也必赦免他	1 1
44	出于信心的祷告	1
45	(1)大放胆量，讲神的道 (2)行出神迹奇事	1 1
46	(1)主与他们同工 (2)用神迹随着、印证所传的道	1 2

查考《圣经》，核对默写经文；若全对，每一节经文得4分。　8
（每错一处，扣1分；一节有三个错误以上，该节经文0分）

总分　44

22 个正确答案 = 50%
31 个正确答案 = 70%
35 个正确答案 = 80%

正确答案注释
第九课

27 – 34. 诗篇 33 篇 6 节说,神用祂的话和祂呼出的气造了天,神呼出的气就是神的灵。万象都是藉着神的话和神的灵一起作工而来的。神医治的再造工作也是一样,是藉着神的话和神的灵一起工作而完成的,我们凭着信接受这样医治的工作。

28. 箴言 4 章 20-22 节是神伟大的"药瓶",要得医治,你必须按照指示服用神的药。遵守祂的四条指示:(1) 留意听神的话;(2) "侧耳"是指谦卑地乐意受教;(3) 不要使神的话离开你的眼目;(4) 要将神的话常存在心中。

   我们接受神医治的药是通过思想、耳朵、眼睛和心。

30. 神要耶稣复活的生命在我们"必死的身体"上(公开地)"显明"(哥林多后书 4:10-11)。藉着耶稣,神在今生赐给我们身体医治、健康和力量。

34. 罗马书 10 章 17 节。首先,神的话需要"听","听"了以后我们就有了"信"。在箴言 4 章 20-21 节描述了听的过程的四个阶段。

35 – 36. 想想这点:门徒被差派出去传道时,他们总是期待要医治人和释放他们脱离邪灵。对比马太福音 10 章 8 节和马太福音 28 章 20 节:"凡我所吩咐你们的,都教训他们遵守,我就常与你们同在,直到世界的末了。""世界的末了"就是现今这世代,耶稣命令同样的事工,每代门徒都不断继续,直到现今时代,这包括今天作为门徒的我们。

37. (2) 耶稣自己禁食,也教导门徒禁食(见太 6:16-18)。然而,只要耶稣(新郎)在地上,门徒就无需禁食(见可 2:18-20)。

38. 耶稣的职事是所有基督徒职事的模式,耶稣到天父那里去后，差圣灵透过祂的信徒，照着耶稣的应许，行出这些职事。

39. 马可福音 16 章 17-18 节的应许也适用于所有信徒——也就是"凡信祂的人"。

39 – 44. 针对这个题目更多的教导，请见我有关按手的书《圣灵充满信徒手册》。

41. 当我们生病时，我们有责任请教会的长老来。

45. 使徒行传 4 章 30 节仍是基督教会的祷告模式。

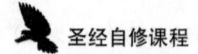

第十课 见证及得人

引言

藉着耶稣在十字架上的代赎，使世界上每一个人都有得救的可能。为了接受救恩，每一个人必须先聆听神的话，并见证基督耶稣。

每个得救的人都应当被圣灵充满。然后，他们应当依靠圣灵的能力来向别人见证基督耶稣。如果每个信徒都真正这样做了，基督的见证就会一直到地极，全地都能听到。这是神的计划。

这是所有基督徒必须同心合意、预备迎接基督再来的伟大使命。那忠心见证主的基督徒，将从基督领受奖赏；而且将来可以和因他们的见证被赢回的人，享受在天上的大喜乐。那不忠心的基督徒，将来要为他疏于见证，而失丧的灵魂向神交代。

背诵经文：使徒行传 1 章 8 节

☐ 背诵经文后在这里打勾。（每天复习前一课的经文）

第十课 见证及得人

问题

1. 基督告诉门徒,他们将要为祂做什么?(徒 1:8)

   ....

2. 基督说门徒的见证要传扬多远?(徒 1:8)

   ....

3. 在末期来到之前,必须对谁作见证?(太 24:14)

   ....

4. 彼得说他和其他的门徒,是耶稣所做的哪三件事情的见证人?(徒 10:39 – 41)

   (1) ....

   (2) ....

   (3) ....

5. 神告诉保罗,他将为基督作什么?(徒 22:15)

   ....

6. 保罗自从认识耶稣那日开始,不断做的是什么?(徒 26:22)

   ....

7. 一个真正的见证人,藉着他的见证做什么?(箴 14:25)

   ....

8. 有智慧的基督徒,应当寻求什么?(箴 11:30)

   ....

9. 安得烈找到耶稣之后,他带领谁到耶稣哪里?(约 1:35 – 42)

   ....

10. 耶稣寻获腓利后,腓利跟着带领谁到耶稣那里去?

(约 1:43 – 47)

....

11. 法利赛人质问那生来瞎眼的,他就自己的经历说了什么?
(约 9:25)

....

12. 哪两件事是我们应当谈论要向人传扬的?(代上 16:8 – 9)

(1) ....(2) ....

13. 人们抗拒保罗在哥林多所作的见证时,神告诉保罗什么?
(徒 18:9)

....

14. 保罗告诉提摩太,怎样的心不是出于神的?(提后 1:7)

....

15. 惧怕人的会带来什么?(箴 29:25)

....

16. 关于见证基督的事,保罗如何训导提摩太?(提后 1:8)

....

17. 彼得和约翰被公会的人禁止,不准再讲述耶稣的事,他们如何回答?

(1) 徒 4:20 ....

(2) 徒 5:29 ....

18. 其他门徒知道彼得和约翰被禁止传讲耶稣的事之后,反应如何?
(徒 4:24)

....

第十课 见证及得人

19. 门徒祷告被圣灵充满之后做了些什么？(徒 4:31)
   ....

20. 在祂子民中，神给予以西结什么特殊的地位？(结 3:17)
   ....

21. 若以西结不照神告诉他的话去警戒罪人，结果将如何？
   (结 3:18)
   ....

22. 保罗在以弗所向所有的人见证哪两件事？(徒 20:21)
   (1) ....(2) ....

23. 保罗为何对以弗所人说，众人死亡、罪不在他身上？
   (徒 20:26 – 27)
   ....

24. 基督所有忠心的见证人最后将得到什么奖赏？(提后 4:8)
   ....

默写经文：使徒行传 1 章 8 节

....
....
....
....

回答完所有问题后，再翻到下一页

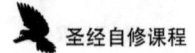

正确答案及得分
第十课

问题	答案	得分
1	见证	1
2	直到地极	1
3	对万民作见证	1
4	(1)祂所作的一切 (2)祂的死亡 (3)祂的复活	1 1 1
5	将他所看见的、所听见的、对着万人作祂的见证	3
6	对着尊贵卑贱老幼见证圣经（众先知和摩西）所讲的是真实的。	3
7	救人的生命	1
8	得人	1
9	他的兄弟西门彼得	1
10	拿但业	1
11	有一件事我知道，从前我是瞎眼的、如今能看见了	2
12	(1)神的作为 (2)祂一切奇妙的作为	1 1
13	不要怕，只管讲	2
14	胆怯的心	1
15	使人陷入网罗	1
16	不以见证我们主为耻	2

第十课 见证及得人

17	(1)我们所看见、所听见的，不能不说 (2)顺从神、不顺从人是应当的	2 1
18	他们都同心合意地向神祷告	2
19	他们都放胆讲论神的道	1
20	守望的人	1
21	神要向他讨他们丧命的罪	2
22	(1)向神悔改 (2)信靠我们主耶稣基督	1 1
23	因为神的旨意，他并没有一样避讳不传给他们的。	2
24	公义的冠冕	1

查考《圣经》，核对默写经文；若全对，每一节经文得4分。　4
（每错一处，扣1分；一节有三个错误以上，该节经文0分）

总分　44

22 个正确答案 = 50%
31 个正确答案 = 70%
35 个正确答案 = 80%

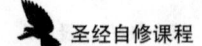 圣经自修课程

正确答案注释
第十课

1. 基督徒应该为基督作见证，而不是为教义、宗派或经验作见证。耶稣说："我若从地上被举起来，就要吸引万人来归我"（约翰福音12:32）。基督徒作见证应该高举基督，要有效地作见证，就必定要有圣灵的能力和引导。

4. 比较使徒行传1章21-22节和4章33节，所有有关基督见证的中心事实，在于祂从死里复活。

5–6. 保罗的见证是所有基督徒效仿的榜样，见证基于个人的经历，也指向基督，并印证《圣经》的记载。

7–8. 个人忠心的见证是领人归信基督最有效的方法。

9–10. 虽然彼得后来被公认为使徒的领袖及主要的传道者，但其实是他的兄弟安得烈首先相信基督的。后来，腓利也同样带领拿但业信主。所以，领人归主的模式就这样在使徒中建立起来。

11. 有人说："事实胜于雄辩"。意思是说，个人经历比单单说教更有说服力。

12. 基督徒的话应当是积极和荣耀神的，借此他才能建立自己的信心和别人的信心。

13–16,19. 保罗在提摩太后书1章7节所说的"胆怯的心"拦阻我们作见证，也阻挡了别人信主。《圣经》清楚地教导我们，这样的心不是来自神的。基督徒不该让自己被胆怯捆绑，而要被圣灵充满。

17(2). 当我们面对顺服神或者顺服人的抉择时，通常是很清楚的，彼得和约翰的回答今天也依然有效。

18. 祷告是基督徒胜过拦阻他们作见证的最大武器。

20 – 23.　当我们有机会在我们生命中向人作见证时，如果我们不作见证的话，神就会让我们停留在错误中。旧约中的以西结和新约中的保罗都明白这点。神要保罗一样都不避讳，神要保罗公开地讲"所有神的旨意"（徒20:27）。今天，神仍然需要这样的基督徒。

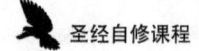
圣经自修课程

第十一课 神对富足的计划

引言

在整本《圣经》中,神一直都应许赐福给那些信靠和服事祂的人。要接受神金钱和物质的祝福,我们必须学习跟随神信心的定律:"你们要给人,就必有给你们的"(路 6:38)。

我们要先归还给神,我们献出所得到的十分之一,以金钱或出产的形式。这分别归给神的十分之一被称作是"十一奉献"。超过十一奉献的部分,我们按照圣灵的带领"献给"神。当我们凭着信这样做时,神就完全祝福我们,供应我们所有的需要。

背诵经文:马太福音 6 章 33 节

☐ 背诵经文后在这里打勾。(每天复习前一课的经文)

问题

A. 神的仆人凡事顺利的例子

1. 神使亚伯拉罕在战场上获胜,亚伯拉罕为归还神,将什么交给祭司麦基洗德?(创 14:19 – 20)

   ....

2. 神因此怎样对待亚伯拉罕?(创 24:1)

   ....

3. 雅各希望神为他做哪四件事情?(创 28:20)

   (1) ....(2) ....

   (3) ....(4) ....

4. 雅各随后答应给神一些什么?(创 28:22)

   ....

5. 神跟着如何对待雅各?(创 33:11)

   ....

6. 约瑟的情况又如何?(创 39:2)

   ....

7. 约瑟为何百事顺利?(创 39:2、23)

   ....

8. 神命令约书亚做哪三件事情?(书 1:8)

   (1) ....(2) ....

   (3) ....

9. 若约书亚遵行这三件事,神答应约书亚什么?(书 1:8)

....

10. 若所罗门遵行一切神的律例和典章，大卫答应所罗门什么事？（代上 22:13）

....

11. 乌西雅定意寻求神，神就为他做了些什么？（代下 26:5）

....

12. 希西家全心全意寻求以及顺服神，有什么事发生？（代下 31:21，32:30）

....

B. 凡事顺利的条件和应许

13. 神论到有一类的人，"凡他所做的尽都顺利"。（诗 1:3）

(a) 请写出这类人不做的三件事情。（诗 1:1）

　　(1) ....

　　(2) ....

　　(3) ....

(b) 请写出这类人必作的两件事情。（诗 1:2）

　　(1) ....

　　(2) ....

14. 神说以色列人在哪两方面夺取神之物？（玛 3:8）

　　(1) ....

　　(2) ....

15. 以色列人夺取神之物，结果怎样？（玛 3:9）

16. 神叫以色列人如何"试"祂？(玛 3:10)

　　..

17. 神应许以色列人，随后会为他们做什么？(玛 3:10)

　　..

18. 基督徒在寻求其他事情之前，先要寻求哪两样？(太 6:33)

　　(1) ....(2) ....

19. 基督应许随后会有什么结果？(太 6:33)

　　..

20. 当我们用什么量器量给人时，也会以什么量器量给我们？
　　(路 6:38)

　　..

21. 保罗告诉每一个基督徒，要以什么标准为神抽出，并且留着？
　　(林前 16:2)

　　..

22. 基督为什么缘故变为贫穷？(林后 8:9)

　　..

23. 神爱怎样的人？(林后 9:7)

　　..

24. 若我们想多收，先要做什么？(林后 9:6)

　　..

25. 神给我们丰富的恩惠，有哪两个结果？(林后 9:8)

　　(1) ....

　　(2) ....

26. 神对哪一类人，不会保留任何一样好处而不给的？（诗 84:11）

....

27. 怎样的人，什么好处都不缺？（诗 34:10）

....

28. 主喜悦什么？（诗 35:27）

....

默写经文：马太福音 6 章 33 节

....

....

....

回答完所有问题后，再翻到下一页

正确答案及得分
第十一课

问题	答案	得分
1	所得的十分之一	1
2	神在一切事上都赐福亚伯拉罕	1
3	(1)神与他同在 (2)在他所行的路上保守他 (3)给他食物吃 (4)给他衣服穿	1 1 1 1
4	凡神所赐给他的，他必将十分之一献给神	1
5	神恩待雅各	1
6	他百事顺利	1
7	主与他同在，使他做的尽都顺利	1
8	(1)这律法不可离开他的口 (2)他昼夜思想 (3)他谨守遵行这书上所写的一切话	1 1 1
9	他的道路就可亨通，凡事顺利	2
10	就得亨通	1
11	神就使他亨通	1
12	他所行的事，尽都亨通	1
13a	(1)不从恶人的计谋 (2)不站罪人的道路 (3)不坐亵慢人的座位	1 1 1
13b	(1)喜爱耶和华的律法 (2)昼夜思想	1 1
14	(1)在当纳的十分之一 (2)在当献的供物上	1 1

15	咒诅临到遍国的人身上	1
16	将当纳的十分之一，全然送入仓库	1
17	敞开天上的窗户、倾福与你们，甚至无处可容	2
18	(1) 神的国 (2) 神的义	1 1
19	这些（物质）的东西都要加给你们了	1
20	也必用同样的量器量给我们	1
21	各人要照自己的进项抽出来留着	1
22	叫我们因祂的贫穷，可以成为富足	2
23	乐意捐献的人	1
24	我们必须多种	1
25	(1) 我们将会凡事常常充足 (2) 我们也能多行各样善事	1 1
26	那些行动正直的人	1
27	寻求耶和华的人	1
28	主喜悦祂仆人平安	1

查考《圣经》，核对默写经文；若全对，每一节经文得4分。　**4**

（每错一处，扣1分；一节有三个错误以上，该节经文0分）

总分　47

24 个正确答案 = 50%
33 个正确答案 = 70%
38 个正确答案 = 80%

正确答案注释
第十一课

1–5. 注意，十一奉献并不是始于摩西律法，《圣经》中记载第一个作十一奉献的人是亚伯拉罕。在罗马书 4 章 11-12 节，亚伯拉罕被称为"一切……信心之人的父，并且按我们的祖宗亚伯拉罕……之信心的踪迹去行的人。"今天信徒献给神的十一奉献，也诚然是按亚伯拉罕之信心踪迹去行的人。

也要注意到接受亚伯拉罕十一奉献的祭司是麦基洗德，根据希伯来书 5 章 6 节，耶稣是我们"麦基洗德等次"的大祭司。今天，耶稣作为我们的大祭司，仍然接受信祂之人的十一奉献。因着遵守十一奉献，亚伯拉罕和雅各都经历了神物质上的祝福。在创世记 32 章 10 节，雅各说："我先前只拿着我的杖过这约旦河，如今我却成了两队了。"当雅各开始献上十分之一给神时，他除了手上的一支杖以外，什么也没有。二十年之后，他成为一个富有的、逐渐增长的大家庭的首领。

6–7. 外在的环境不能阻止神的应许实现，约瑟即使在监狱里也凡事顺利，后来成为埃及的宰相。约瑟的兴盛在于他的个性和他与神的关系。

8–9. 约书亚蒙神呼召，带领神的百姓进入应许之地。今天，基督徒也被呼召进入"充满应许的地"。无论是过去，还是现在，成功的条件仍旧一样。注意，正确的默想是关键。比较第 13b 第 (2) 个问题。

10–12. 从大卫时代直到被掳到巴比伦的这个时期，神使犹大每一位遵行律法、在圣殿中忠心事奉的君王都兴盛。

13. 注意诗篇 1 篇 1-3 节并不是在形容任何一个特殊的历史人物；而是对这一类人的概括性描述。

14–15. 当神的百姓在奉献的事上对神不忠心时，会带来整个国家和民族的咒诅。这不只是针对古代的以色列，今天，对万国来说，这原则依然如此。

16 – 21. 公义的唯一基础是信心，是神所悦纳的。"凡不出于信心的都是罪"（罗 14:23）。（对比希伯来书 11 章 6 节）这个原则不仅适用于我们生活中如何掌管钱财，也适用于其他方面。

22. 根据《圣经》，贫乏是一种咒诅。申命记 28 章 15-68 节列出违反神律法的各种咒诅。在第 48 节经文这样说："所以你必在饥饿、干渴、赤露、缺乏之中事奉耶和华所打发来攻击你的仇敌。"这就是被咒诅的贫乏。在十字架上，基督亲身担当了这里所列的每一种咒诅（见加拉太书 3:13-14）。祂承受了饥饿、干渴、赤露、缺乏，祂这样担当贫乏，好叫信徒能因而得着神在各样需要中丰富的供应。（见腓立比书 4:19）

23. "甘心乐意"（哥林多后书 9:7）直译是"愉快"的意思。

24. 基督徒应该效法农民撒种的道理——小心勤恳地耕耘，也仔细计划、筹算清楚，为神的国度赢回最大的收获。

26 – 28. 神的旨意是要所有相信和顺服祂的百姓都富足。

第二部分小结

再次恭喜你！

你已经完成了前十一课——也就是全部课程的一大半内容。

前六课集中在救恩的信息上，为你坚持在基督里的生活立了根基。你学习了水洗的重要意义，以及受圣灵洗的意义。

在你刚完成的这五课内容中，你开始进入在基督里更深的生命。借着这些课程，向你介绍了敬拜、祷告和见证的主题。前面的课程也带你亲眼看见神对你身体和金钱所需要的供应。

想一想！你现在有了答案，不仅是为你自己更深的需要，也是为无数像你一样处在困惑和痛苦中的人。你不再是问题的一部分；你是解决办法的一部分！你可以成为你周围处于黑暗中那些人的光，你已经从根基阶段往前进入向别人介绍基督、让他们透过你的经历认识神的阶段。

这是多么巨大的责任啊！靠你自己，你永远无法面对这么大的挑战。但神没有丢下你，为了你能在所有境况中过一个反映祂恩典和荣美的生活，祂已经为你预备了全面的供应。

到目前为止，你已经查考了经文，解答了 170 个指定的问题。你现在也已经背了十六节经文。你对《圣经》的认识有了突飞猛进的增长！

在继续下面五课的学习时，你会开始看见以色列在《圣经》中的重要意义。神对祂百姓的计划是什么？你会看到《旧约》的预言在《新约》中应验，你会看到耶稣和摩西的侍奉，在哪些方面是类似的。

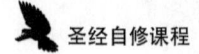
圣经自修课程

第二部分复习

在继续学习后面的内容之前,你先要自行检查,看自己是否完全明白第七课到第十一课的内容。如果你觉得自己已经领会了所学的内容,你就可以继续下面的课程了。

这第二部分的复习方法与第一部分相似。

首先,仔细阅读前面五课的问题,以及相应的正确答案。自行检查,看你现在是否知道并理解每个问题的正确答案。

其次,复习前面五课中已经背诵的经文段落。

第三,仔细阅读下面的问题,并思考你会如何回答。每个问题都在某种程度上与你已经学过的内容有关。

1. 你能给出哪些符合《圣经》的原因,说明你相信神今天依然医治信他的人?
2. 神医治的三个方法是什么?你会如何使用它们?
3. 写出一个简短的见证,和别人分享"主如何触动你生命"的故事。
4. 简单描述一下神在诗篇1篇3节所应许"凡他所作的尽都顺利"的那种人。

* * * * *

这部分复习不计分,目的是为帮助你掌握已经学过的内容。当你已经圆满完成这部分的内容后,就继续学习接下来的第十二课。

第三部分
以色列：神拣选的百姓

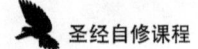 圣经自修课程

第十二课 神的特殊计划

引言

大约在公元前 1900 年，神拣选了一个名叫亚伯兰的人（后来神把他改名为亚伯拉罕），神对他的后裔计划了特别的命定。神与亚伯拉罕立约，应许藉着他的后裔，万国都将蒙福。神向亚伯拉罕的儿子以撒和孙子雅各（后来神把他改名为以色列）确立了这个约。

四百三十年以后，神借着摩西与雅各的后代——以色列国立了更进一步的约。在这个约中，神赐给他们一套律法，并对他们的命定有更全面的远景。后来，神为以色列差派先知，预言他们的命定将如何实现。

背诵经文：出埃及记 19 章 5-6 节

☐ 背诵经文后在这里打勾。（每天复习前一课的经文）

问题

A. 神向亚伯拉罕所启示的计划

1. 神应许借着亚伯拉罕，他要祝福多少人？(创 12:3)
   ....

2. 神基于什么算亚伯拉罕为义？(创 15:6)
   ....

3. 神应许要亚伯拉罕成为多少人的父？(创 17:4-5)
   ....

4. 神与谁立了永远的约？(创 17:7)
   ....

5. 在这个约中，神给亚伯拉罕什么应许？(创 17:7)
   ....

6. 亚伯拉罕哪两位后代被提名在这个约中？
   (出 6:3-4；利 26:42)
   ....

7. 神给雅各起的新名字叫什么？(创 35:10)
   ....

8. 神用哪两个画面向亚伯拉罕说明他的后裔会有多少？
   (创 22:17)
   (1) ....
   (2) ....

9. 神应许亚伯拉罕通过他的后代有多少人会得到祝福？

(创 22:18)

....

10. 神为什么要向亚伯拉罕应许这个?(创 22:18)

....

11. 为了得到神所应许亚伯拉罕的,神要亚伯拉罕为自己的儿子和家人做什么?(创 18:19)

....

B. 神向摩西启示的计划

12. 当以色列人到西奈山时,神赐给他们头两个命令是什么?(出 19:5)

    (1) ....(2) ....

13. 以色列若遵守了这些命令,神应许他们哪三件事?(出 19:5 – 6)

    (1) ....

    (2) ....

    (3) ....

14. 以同样条件,神还给以色列什么应许?(申 28:1)

    ....

15. 说明这会使其他的国家对以色列的态度有哪两方面的影响?(申 28:10)

    (1) ....

    (2) ....

16. 以色列人守神的约会导致什么结果?(申 29:9)

C. 神在诗篇和先知书中启示的计划

17. 神对以色列的喜悦和祝福,在哪两个方面影响世界上的其他人?
    (诗 67:1－2)

    (1) ....(2) ....

18. 神应许要将祂的灵浇灌祂所拣选的仆人,这仆人要对外邦人做什么?(赛 42:1)

    ....

19. 说明神指定这个仆人对以色列和外邦人所做的两件事?
    (赛 42:6)

    (1) ....(2) ....

20. 神拣选以色列是要他们为祂做哪两件事?(赛 43:10)

    (1) ....(2) ....

21. 写出神渴望以色列对祂亲自的启示做出回应的三个方面。
    (赛 43:10b)

    (1) ....(2) ....

    (3) ....

众先知描绘了未来时期的画面,
就是神对以色列的计划将实现的时候,下面的问题就与这段时期有关。

22. 许多人将因哪两个原因而登耶和华的山?(赛 2:2－3)

    (1) ....(2) ....

23. 哪两件事会从锡安一直到耶路撒冷?(赛 2:3)

    (1) ....(2) ....

24. 当地上的人深处在黑暗中时，耶和华要为锡安做什么？
   （赛 60:2）
   ....

25. 其他国家和他们的统治者会如何反应？（赛 60:3）
   ....

26. 以色列土地恢复重建之时，神要给犹太人哪两个称呼？
   （赛 61:4 – 6）

   (1) ....(2) ....

27. 因为哪两个原因，很多人和众多国家都要来到耶路撒冷？
   （亚 8:22）

   (1) ....(2) ....

28. 其他国家的人会如何评价犹太人？（亚 8:23）
   ....

默写经文：出埃及记 19 章 5-6 节

....

....

....

回答完所有问题后，再翻到下一页

正确答案及得分

第十二课

问题	答案	得分
1	地上的万族	1
2	亚伯拉罕信神	1
3	多国的父	1
4	与亚伯拉罕及其后裔	1
5	要作他和他后裔的神	1
6	以撒和雅各	1
7	以色列	1
8	(1)天上的星 (2)海边的沙	1 1
9	地上的万国	1
10	因为亚伯拉罕听从了神的话	1
11	吩咐他们遵守耶和华的道，秉公行事	2
12	(1)听从神的话 (2)遵守神的约	1 1
13	(1)在万民中作属神的子民 (2)祭司的国度 (3)圣洁的国民	1 1 1
14	使他们超乎天下万民之上	1
15	(1)他们会看见以色列归在耶和华名下 (2)他们会惧怕以色列	1 1
16	他们会在一切所行的事上亨通	1
17	(1)全地知道神的道路 (2)万国得知神的救恩	1 1

18	他必将公理传给外邦人	1
19	(1)作众民（以色列）的约 (2)外邦人的光	1 1
20	(1)祂的见证 (2)祂的仆人	1 1
21	(1)知道 (2)信服 (3)明白	1 1 1
22	(1)祂将祂的道教训他们 (2)他们也要行祂的路	1 1
23	(1)训诲 (2)耶和华的言语	1 1
24	祂要显现照耀她，祂的荣耀要显现在她身上	2
25	外邦人要来就她（锡安）的光，君王要来就她（锡安）发现的光辉	2
26	(1)耶和华的祭司 (2)我们神的仆人	1 1
27	(1)寻求万军之耶和华 (2)恳求耶和华的恩	1 1
28	我们要与你们同去，因为我们听见神与你们同在了	2

查考《圣经》，核对默写经文；若全对，每一节经文得4分。　**8**
（每错一处，扣1分；一节有三个错误以上，该节经文0分）

总分　54

25 个正确答案 = 50%
34 个正确答案 = 70%
39 个正确答案 = 80%

正确答案注释
第十二课

1. 起初，神的计划是包括地上的万族。

2. 亚伯拉罕与神的关系是基于他的信。

3. 亚伯兰的意思是"尊贵的父亲"，亚伯拉罕的意思是"多国之父"。起初，神的计划不仅包括亚伯拉罕亲生的后裔，也包括所有民族。

4–5. 约是神所做的最神圣的事，每个与神的永久关系都必须基于一个约。（见诗 50:5）

6–7. 神的约首先向以撒（不是以实玛利）确立；然后向雅各（后改名为以色列）确立；然后向雅各和名叫以色列的国家确立。

8–9. 神强调，藉着亚伯拉罕而得到祝福的人数多得无法数算。

10. 亚伯拉罕的信心通过他的顺服表现出来——甚至当那顺服意味着献上自己的儿子。

11. 亚伯拉罕教导和训练自己家人的方式设立了神对所有父亲的标准，这就是神之所以拣选亚伯拉罕的原因。

12. 神所有祝福的关键都是顺服祂的声音。（对比出 15:26 和申 28:1-2）

13. 这三个应许概括了神对以色列的计划。

14–15. 神想要以色列成为其他所有国家的领导和榜样。

16. 见问题 12 的注释。

17. 神想要祂所赐予以色列的祝福，会从以色列流淌到其

	他所有国家。
18–19.	最终，神对以色列的计划将会藉着这里所描述的被拣选的仆人而实现。
20	见问题 14–15 和 18–19 的注释．
21.	这三重回答对以色列实现神的计划来说是必要的。
22–23.	神希望耶路撒冷成为万国属灵教导的中心。
24–25.	这个时代将以不幸和黑暗期做结束，在这期间神要先向锡安，然后藉着锡安向万国及其掌权者彰显祂的荣耀。
26.	以色列的重建将成就出埃及记 19 章 6 节所宣告的神最初的计划。
27–28.	见问题 22–23 的注释。

第十三课 失败与救赎

引言

神藉着摩西与以色列人立约。如果以色列忠信守约，他们就比其他各国蒙福。但如果他们不忠信，神将加给他们不断增长的严重审判。在后来发生的历史事件中，以色列的确不忠信，神预言的所有审判都临到他们。

然而，神应许在末后的日子，一位救赎者将出自锡安，以色列所有的罪将得到赦免和洁净，将再次成为一个圣洁的国家。

背诵经文：以赛亚书 43 章 25 节

☐ 背诵经文后在这里打勾。（每天复习前一课的经文）

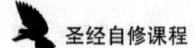
圣经自修课程

问题

A. 以色列的失败

1. 摩西警告以色列人，在他死后他们会做什么？（申 31:29）
   ....

2. 为什么日后以色列会有祸患临到？（申 31:29）
   ....

3. 神三次警告以色列人会以什么方式对抗神？
   （利 26:21、23、27）
   ....

4. 如果以色列拒绝神的警告，一系列后果将临到他们身上。在下面列出利未记 26 章所描述的这些情况。

   (1) 25 节

   (a) ....(b) ....

   (c) ....

   (2) 29 节 ....

   (3) 31 节

   (a) ....(b) ....

   (c) ....

   (4) 32 节

   (a) ....(b) ....

   (5) 33 节

   (a) ....(b) ....

5. 在问题 1 到 4 所回答的所有麻烦当中，犹太人实际遇到了多少？

   ....

6. 但以理承认神百姓所犯的各种罪，但以理书 9 章 5 节特别指出了哪些罪？

   (1) ....(2) ....

   (3) ....(4) ....

   (5) ....

7. 以色列以什么方式不听从耶和华的话？（但 9:10）

   ....

8. 如果但以理今天活着，他需要代犹太人认多少同样的罪？

   ....

B. 神的拯救

9. 神警告以色列，他们将被赶出他们的土地，但应许不会对他们做两件事。是哪两件事？（利 26:44）

   (1) ....

   (2) ....

10. 神想起什么，导致祂向以色列施怜悯？（利 26:45）

    ....

    ....

11. 大卫祷告什么从锡安而出？（诗 14:7）

    ....

12. 当神的怒气消失了，以色列对神的救恩会说什么？（赛 12:2）
    ....

13. 神以哪两种形式向以色列启示自己？（赛 43:3）
    (1) ....
    (2) ....

14. 还有别的救主吗？（赛 43:11）
    ....

15. 关于以色列的过犯，神应许什么？（赛 43:25）
    ....

16. 关于以色列的罪，神应许什么？（赛 43:25）
    ....

17. 神向锡安的哪些人应许一位救赎主？（赛 59:20）
    ....

18. 什么会临到锡安？（赛 62:11）
    ....

19. 祂会有什么？（赛 62:11）
    ....

20. 在祂面前会有什么？（赛 62:11）
    ....

21. 神恢复以色列的日子里，祂要以哪两种方式处理以色列的罪？（耶 33:7 – 8）
    (1) ....(2) ....

22. 神将以色列归回到他们自己的土地上的日子里，祂将如何通过以色列向万国启示自己？(结 39:27)

....

默写经文：以赛亚书 43 章 25 节

....

....

....

....

回答完所有问题后，再翻到下一页

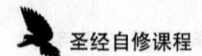 圣经自修课程

正确答案及得分

第十三课

问题	答案	得分
1	变得全然败坏，偏离摩西所吩咐他们的道	2
2	因为他们行耶和华眼中看为恶的事，以手所作的惹祂发怒	2
3	行事与神反对	1
4	(1) (a)刀剑（战争）临到他们 (b)降瘟疫在他们中间 (c)将他们交在仇敌手中 (2) 在被困期间要吃自己孩子的肉 (3) (a)城邑变为荒凉 (b)众圣所成为荒场 (c)耶和华不再接受所献的祭 (4) (a)地成为荒场 (b)敌人住在以色列土地上，并感到诧异 (5) (a)散在列邦中 (b)被刀剑追赶	1 1 1 1 1 1 1 1 1 1 1
5	所有的	1
6	(1)他们犯罪 (2)他们作孽 (3)他们行恶 (4)他们叛逆 (5)他们偏离神的诫命典章	1 1 1 1 1
7	他们没有遵守耶和华的律法，就是祂藉众先知向他们所陈明的律法	2
8	所有罪	1

第十三课 失败与救赎

9	(1)不厌弃他们 (2)不厌恶他们，将他们尽行灭绝，也不背弃祂与他们的约	1 2
10	与他们先祖所立的约，祂曾把他们从埃及领出来	2
11	以色列的救恩	1
12	神是我的拯救	1
13	(1)以色列的圣者 (2)他们的救主	1 1
14	没有	1
15	祂会涂抹那些过犯	11
16	祂也不记念那些罪	1
17	向那些雅各族中转离过犯的人	11
18	拯救者	1
19	祂的赏赐	1
20	祂的报应	1
21	(1)祂要除净那些罪 (2)祂要赦免那些罪	1 1
22	祂要在他们身上显为圣	1

查考《圣经》，核对默写经文；若全对，每一节经文得4分。　4
（每错一处，扣1分；一节有三个错误以上，该节经文0分）

总分　48

24 个正确答案 = 50%
34 个正确答案 = 70%
38 个正确答案 = 80%

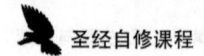

正确答案注释
第十三课

1 – 2. 在神与以色列立约之前，祂就知道他们会破坏它。祂也预备了一条他们可以得到赦免和恢复的道路。

3. 以色列错误行为的根源是错误的态度：行事与神反对。另一种翻译说："行事与神为敌"。(利未记 21:26)

4 – 5. 这些罪给以色列人带来的具体后果记载在《圣经》中，部分记载于约瑟夫（第一世纪著名的犹太历史学家）的作品中，之后在历史中仍然继续重演。

6 – 8. 但以理所认的罪可以总结成一个词：悖逆。

9. 神警告以色列，祂要惩罚所有错误的行为，但祂也应许最终永远不会拒绝他们做祂的百姓。(参照耶利米书 33:23 – 26)

10. 尽管神的百姓或许不忠信，但神仍对祂的约信实。(参照诗篇 89:34)

11 – 14. 神对以色列失败的补救办法可以用一个词总结：救恩。只有神自己成为救主，才不与祂的圣洁妥协。

15 – 16. 神的救恩完全，涂抹我们的罪孽过犯，使神不再记念我们的罪。

17. 神以祂的怜悯为以色列提供一位救赎主，但以色列必须作出回应，转离他们的过犯。

18 – 20. 这位救赎主带来三件事：救恩、赏赐和报应。

21. 救恩包括洁净和赦免。

22. 起初，神的计划是要以色列成为其他国家的祝福，并藉着以色列显出祂的圣洁。

第十四课 认识耶稣基督（之一）

引言

神预见以色列会陷入罪，因而无法实现祂对他们的计划。然而，因祂的怜悯，祂应许从大卫的子孙中，为他们立一位救主。像大卫一样，这位救主被神的圣灵膏抹，因此，这位救主将被称为"弥赛亚"（受膏者）。在新约，基督的意思与弥赛亚一样。这位将要来的弥赛亚是《旧约》的中心（在希伯来语中，《旧约》被称作塔纳克。众先知详细描写了这位救主的降临及祂将要做的事。

在公元1世纪，相信这些应许的犹太作者描写了应验这些预言的那位——耶稣；他们认识到祂是弥赛亚。他们的作品被收集在新约中。本课中的问题，一部分与《旧约》有关，一部分与《新约》有关。

背诵经文：玛拉基书3章1节

☐ 背诵经文后在这里打勾。（每天复习前一课的经文）

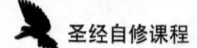
圣经自修课程

问题

A. 弥赛亚的家谱

1. 神向谁应许一位特别的后裔？（创 22:15 – 18）
   ....

2. 藉着这位后裔，神对万国有什么应许？（创 22:18）
   ....

3. 耶稣是这位祖先的后裔吗？（太 1:1）
   ....

4. 现在藉着耶稣对外邦人提供了什么？（加 3:13 – 14）
   ....

5. 通过亚伯拉罕哪个儿子，要生出应许的子孙？（创 17:19、21）
   ....

6. 耶稣是以撒的子孙吗？（太 1:2）
   ....

7. 以撒向自己哪个儿子传递了亚伯拉罕的祝福？（创 28:1 – 4）
   ....

8. 这个祝福也扩大到这个儿子的子孙吗？（创 28:4）
   ....

9. 耶稣是雅各的子孙吗？（路 3:34）
   ....

10. 这位掌权者（弥赛亚）从以色列哪个支派而出？（创 49:10）

　　..

11. 耶稣是来自哪个支派？（路 3:33）

　　..

12. 从以色列哪位王的后代生出弥赛亚？
　　（诗 89:35 – 36；赛 9:6 – 7）

　　..

13. 耶稣是这位王的子孙吗？（太 1:6 – 16）

　　..

B. 弥赛亚的出生

14. 弥赛亚出生在哪儿？（弥 5:2）

　　..

15. 耶稣出生在哪儿？（太 2:1；路 2:4 – 7）

　　..

16. 弥赛亚的出生有什么独特的地方？（赛 7:14）

　　..

17. 耶稣的出生有什么独特的地方？（太 1:18、22 – 23；路 1:26 – 35）

　　..

18. 但以理是否提供了计算弥赛亚何时降临的方式？（但 9:25 – 26）

　　..

19. 重建耶路撒冷的命令颁布多久之后弥赛亚降临？（但 9:25）

　　..

20. 耶稣是照但以理所预言的时间降临的吗？

   ....

C. 弥赛亚的职事

21. 弥赛亚之前有没有使者？(玛 3:1)

   ....

22. 这位使者的任务是什么？(玛 3:1)

   ....

23. 在耶稣前面有哪位使者？(太 3:1 – 3，11:7 – 10)

   ....

24. 这位使者的任务是什么？(太 3:1 – 3，11:7 – 10；路 1:76)

   ....

25. 耶和华什么的使者要来？(玛 3:1)

   ....

26. 神有没有对以色列应许一个新的约？(耶 31:31 – 34)

   ....

27. 这个约是否提供对罪的完全赦免？(耶 31:34)

   ....

28. 耶稣来是为了实现这个约的吗？(来 9:13 – 15)

   ....

29. 施洗约翰看见什么以鸽子的形状降在耶稣身上？(约 1:29 – 33)

   ....

30. 以赛亚描绘了一个被圣灵膏抹的人，写出这膏抹使他能做的四件事。（赛 61:1）

   (1) ....

   (2) ....

   (3) ....

   (4) ....

31. 耶稣在会堂读了这些经文后，说了什么有关自己的话？（路 4:16 – 21）

   ....

32. 神以什么膏抹拿撒勒的耶稣？（徒 10:38）

   ....

33. 写出这膏抹使耶稣能做的两件事。（徒 10:38）

   (1) ....(2) ....

34. 以赛亚预言神要来拯救以色列，并要医治四种疾病，写出这四种疾病。（赛 35:4 – 6）

   (1) ....(2) ....

   (3) ....(4) ....

35. 写出耶稣所医治的四种疾病。
   （可 8:22 – 25，7:32 – 37；约 5:5 – 9；太 9:32 – 33）

   (1) ....(2) ....

   (3) ....(4) ....

36. 弥赛亚要骑着什么动物进耶路撒冷？（亚 9:9）

   ....

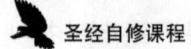

37. 门徒们为耶稣光荣地进耶路撒冷预备了什么动物？
   (太 21:6 – 11 ; 可 11:1 – 11)

   ....

   ## 默写经文：玛拉基书 3 章 1 节

   ....

   ....

   ....

   ....

   回答完所有问题后，再翻到下一页

第十四课 认识耶稣基督（之一）

正确答案及得分
第十四课

问题	答案	得分
1	亚伯拉罕	1
2	得福	1
3	是	1
4	亚伯拉罕的祝福	1
5	以撒	1
6	是	1
7	雅各	1
8	是	1
9	是	1
10	犹大	1
11	犹大	1
12	大卫	1
13	是	1
14	犹大的伯利恒	1
15	犹大的伯利恒	1
16	祂从童女而生	1
17	祂由童女所生	1
18	是	1
19	69个星期(或整个犹太历483年)	1
20	是	1
21	有	1
22	在弥赛亚前面预备道路	1
23	施洗约翰	1

24	在耶稣前面预备道路	1
25	立约的使者	1
26	有	1
27	是	1
28	是	1
29	圣灵	1
30	(1)传好消息给谦卑的人 (2)医好伤心的人 (3)报告被掳的得释放 (4)被囚的出监牢	1 1 1 1
31	今天这经应验在你们耳中了	1
32	以圣灵和能力	1
33	(1)周游四方,行善事 (2)医好凡被魔鬼压制的人	1 1
34	(1)瞎子 (2)聋子 (3)瘸子 (4)哑巴	1 1 1 1
35	(1)瞎子 (2)聋子 (3)瘸子 (4)哑巴	1 1 1 1
36	骑着驴,就是骑着驴的驹子	1
37	骑着驴,就是骑着驴的驹子	1

查考《圣经》,核对默写经文;若全对,每一节经文得4分。 4
(每错一处,扣1分;一节有三个错误以上,该节经文0分)

总分 51

25 个正确答案 = 50%
34 个正确答案 = 70%
39 个正确答案 = 80%

正确答案注释
第十四课

1 – 6. 神应许亚伯拉罕，将通过以撒赐给他子孙，并藉着他们赐福万国。耶稣——弥赛亚——是亚伯拉罕和以撒的后裔，是神要藉着他祝福万国的那个后裔。（见加拉太书 3:16）

7 – 9. 所应许要藉着祝福万国的那个子孙是从雅各而来的。因此，弥赛亚必须来自犹太人的血脉。

10 – 13. 神预定以色列的统治者应当来自犹大支派，这事先在大卫身上应验，后在大卫的子孙耶稣身上应验。

1 – 13. 耶稣在世的时候，没人会质疑耶稣的家谱或祂的祖先是大卫。在公元 70 年第二个圣殿被毁时，所有以色列人的家谱记录都被销毁了。因此，在那之后出生的人都无法证明自己是弥赛亚。

在路加福音的耶稣家谱中，路加说只有耶稣是约瑟的儿子。（见路加福音 3:23）。

14 – 15. 耶稣出生的时候，犹太宗教领袖正期待着弥赛亚出生在犹大的伯利恒。（见马太福音 2:1-6）

16 – 17. 注意，下面列出将经文中的 almah 翻译成 "童女" 的原因（以赛亚书 7:14）：(1)《旧约圣经》希腊文译本的犹太作者把 almah 翻译成 parthenos，表示童女的标准希腊语；

(2) 塔纳克（《希伯来圣经》）中没有关于弥赛亚肉身父亲的预言，只有提到母亲（见以赛亚书 49:1、5；诗篇 22:9）；

(3) Almah 描写一位年轻的女性，还没结婚，符合马利亚的状况；

(4) 在塔纳克中，Almah 只能用来表示处女（见创世记 24:43；出埃及记 2:8）；

(5) 约珥书 1 章 8 节中另外一个可选的希伯来词 bethulah 是指已经有丈夫的女人。此外，bethulah 有时用来象征一个国家。（见以赛亚书 23:12, 47:1；耶利米书 18:13, 31:4、21）

18 – 20. 根据但以理书 9 章 25-26 节，弥赛亚将要降临，然后在 69 个星期（实际是"七"）之后被剪除。因为犹太年相当于 360 天，根据西方年历实际数字应该是大约 477 年。波斯王国的亚达薛斯王统治时期，重建耶路撒冷的命令大概是在公元前 445 年颁布的。这可以算出，弥赛亚君王降临的日期大约在公元 32 年。耶稣大约在那个时候胜利进耶路撒冷，后来很快就被"剪除"。"必有一王的民来"是指提图斯掌管下的罗马军团，后者在公元 70 年毁灭了耶路撒冷。

25 – 28. 耶利米书 31 章 31-34 节所应许新的约有三个主要特点：

(1) 一个新的属性（我要将我的律法放在他们里面，写在他们心上）；

(2) 一个与神的个人关系（他们都必认识我）；

(3) 罪得赦免（我要赦免他们的罪孽，不再记念他们的罪恶）。这些特点都包含在耶稣所立的约中。同时，在以西结书 16 章 59-60 节，神指责以色列破坏第一个约，但应许用一个永远不变的约代替先前的约。

29 – 35. 圣灵降临在耶稣身上显明祂是神所应许的弥赛亚，这使祂得着装备可以拯救神的百姓脱离罪和疾病。

34 – 35. 耶稣所行的医治神迹证实了祂的弥赛亚身份。

36 – 37. 君王骑驴是一个习俗。（见列王记上 1:33 – 34）

第十五课 认识耶稣基督（之二）

引言

使徒彼得写到旧约先知时说，他们心里基督的灵预先证明基督受难，后来得荣耀（彼得前书 1:10-11）。那时，这些先知最先讲出尚未实际发生在他们身上，后来却在耶稣身上发生了的事情。他们先描写了基督（弥赛亚）的受难，然后是祂所进入的永恒荣耀。这样的预言在大卫的诗篇和以赛亚书中出现最多，本课内容包含各种例子。

背诵经文：以赛亚书 53 章 4-5 节

☐ 背诵经文后在这里打勾。（每天复习前一课的经文）

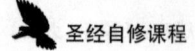圣经自修课程

问题

D. 弥赛亚的受苦

38. 弥赛亚被祂自己的百姓接受，还是拒绝？(赛 53:1 – 3)

　　..

39. 以色列是一个接受还是拒绝耶稣的国家？
　　(约 1:11，12:37 – 38)

　　..

40. 弥赛亚要被什么样的人出卖？(诗 41:9)

　　..

41. 耶稣被谁出卖？(可 14:10)

　　..

42. 这个人是耶稣的朋友吗？(太 26:47、50)

　　..

43. 弥赛亚要以多少钱被卖？(亚 11:12)

　　..

44. 出卖耶稣的人收了多少钱？(太 26:15)

　　..

45. 弥赛亚被卖的钱要干什么用？(亚 11:13)

　　..

46. 卖耶稣的钱干什么用了？(太 27:3 – 7)

　　..

第十五课 认识耶稣基督（之二）

47. 弥赛亚在控告祂的人面前为自己辩护吗？（赛 53:7）

    ....

48. 耶稣对控告祂的人是如何反应的？(太 26:62 – 63，27:12 – 14)

    ....

49. 弥赛亚要被鞭打和被吐唾沫吗？（赛 50:6）

    ....

50. 写出耶稣在施暴者手中受苦的两个方式。（可 14:65；翰 19:1）

    ....

51. 与弥赛亚一起钉死的是什么样的人？（赛 53:12）

    ....

52. 同耶稣一同钉死的是哪两个人？（太 27:38）

    ....

53. 写出弥赛亚身体被钉的两个部位。（诗 22:16）

    ....

54. 耶稣的手和脚被钉了吗？（路 24:39 – 40；约 20:25 – 27）

    ....

55. 弥赛亚的外衣和里衣会怎样？（诗 22:18）

    ....

56. 罗马士兵对耶稣的外衣和里衣怎样？（约 19:23 – 24）

    ....

57. 他们要给弥赛亚喝什么？（诗 69:21）

    ....

58. 他们给耶稣喝了什么？（约 19:29）

　　..

59. 弥赛亚的骨头不会怎样？（诗 34:19 – 20）

　　..

60. 耶稣的骨头断了吗？（约 19:33、36）

　　..

61. 耶和华将什么归在弥赛亚身上？（赛 53:6）

　　..

62. 最后，在弥赛亚身上发生了什么？（赛 53:8）

　　..

63. 耶稣在十字架上背负了什么？（彼前 2:24）

　　..

64. 最后，在耶稣身上发生了什么？（彼前 3:18）

　　..

65. 弥赛亚要被葬在什么人的坟墓里？（赛 53:9）

　　..

66. 耶稣被葬在谁的坟墓里？（太 27:57 – 60）

　　..

67. 他是什么样的人？（太 27:57）

　　..

E. 弥赛亚胜过死亡

68. 弥赛亚要作赎罪祭之后，有哪三件有关祂的应许？（赛 53:10）

　　(1) ....(2) ....

　　(3) ....

69. 如果弥赛亚一直是死的，这些应许还能实现吗？

　　..

70. 神对祂的圣者有哪两个应许？（诗 16:10）

　　(1) ....

　　(2) ....

71. 在大卫的经历中，这两件事应验了吗？（王上 2:10；徒 2:29）

　　..

72. 在谁的经历中应验了这些话？（徒 2:30 – 32）

　　..

73. 神应许弥赛亚什么位置的权柄？（诗 110:1）

　　..

74. 如果祂还在地上，这些应许还能实现吗？

　　..

75. 神高举耶稣到什么位置的权柄？（徒 2:33 – 36）

　　..

76. 耶稣一直在天上，直到什么时候？（徒 3:19 – 21）

　　..

77. 弥赛亚将怎样降临建立他的国？（但 7:13）

　　..

78. 耶稣将如何从天上降临？（太 26:63 – 64）

　　..

79. 弥赛亚的脚要站在哪座山上？（亚 14:4）

　　..

80. 耶稣将要在哪座山再次降临？（徒 1:9 – 12）

　　..

默写经文：以赛亚书 53 章 4-5 节

　　..

　　..

　　..

　　..

回答完所有问题后，再翻到下一页

正确答案及得分
第十五课

问题	答案	得分
38	祂被拒绝	1
39	他们拒绝了祂	1
40	一个熟悉（或亲近）的朋友	1
41	加略人犹大	1
42	是	1
43	三十块钱	1
44	三十块钱	1
45	在耶和华的殿中丢给窑户了	2
46	被丢在殿里，用来买了窑户的一块田	2
47	没有	1
48	祂却不言语	1
49	是	1
50	祂被鞭打，被吐唾沫	2
51	犯法的人	1
52	两个强盗（犯法的人）	1
53	祂的手和祂的脚	2
54	是的	1
55	他们分了外衣，为里衣拈阄	2
56	他们分了祂的外衣，为祂的里衣拈阄	2
57	醋	1
58	醋	1
59	祂的骨头一根也不可折断	1
60	没有	1
61	我们众人的罪孽	1

62	祂从活人之地被剪除	2
63	我们的罪	1
64	祂被治死	1
65	财主的坟墓	1
66	亚利马太的约瑟	1
67	财主	1
68	(1)祂必看见后裔 (2)祂必延长年日 (3) 耶和华所喜悦的事必在他手中亨通	1 1 1
69	不能	1
70	(1)祂必不将他的灵魂撇在阴间 (2)祂不叫他的圣者朽坏	1 1
71	没有	1
72	耶稣的经历	1
73	坐在神的右边	1
74	不会	1
75	神的右手	1
76	等到万物复兴的时候	1
77	驾着天云而来	1
78	驾着天上的云降临	1
79	橄榄山	1
80	橄榄山	1

查考《圣经》，核对默写经文；若全对，每一节经文得4分。 8
（每错一处，扣1分；一节有三个错误以上，该节经文0分）

总分 61

31 个正确答案 = 50%
43 个正确答案 = 70%
49 个正确答案 = 80%

第十五课 认识耶稣基督（之二）

正确答案注释
第十五课

38、47、51、61、62、65、68.

以赛亚书52章13节和53章12节都是《旧约》对伟大弥赛亚的预言。它们描绘了被自己的百姓所拒绝的耶和华仆人，尽管祂自己没有任何罪，却为祂百姓的罪孽承受刑罚。犹太的《圣经》注释学者试图把以赛亚书52章13节中的"仆人"当做在其他国家手中受苦的犹太人。但这种解释对下面的原因无法有效：

(1) 这里所描绘的"仆人"对任何暴力或欺骗没有羞愧。(见以赛亚书53章9节) 这并不适用于犹太人。

(2) 这里的"仆人"受到其他犯法之人的伤害。(见4-6节) 以色列的受苦是由她自己的罪所导致的，就像摩西曾经警告过的那样。(见利未记26:14-43)

(3) 因着人认识这位"仆人"（背负世人的罪孽的人），很多人都将在神面前称义，且只有藉着人相信弥赛亚才能得到。(见罗马书3:21-24)

39. 以色列整个民族拒绝了耶稣，尽管如此，还是有跟随耶稣的人。早期集会的信徒主要就是来自弥赛亚派犹太教。

59–60. 以色列的儿女们因逾越节的羔羊之血得到保护，免于天使击杀，羊羔的骨头一根也不可折断（出埃及记12:46）。耶稣，作为神的献祭羔羊，也同样一根骨头没有折断（约翰福音1:29；哥林多前书5:7）。

61–64. 每当赎罪日，大祭司把以色列的罪都归在那替罪的羔羊身上，预表着耶稣的牺牲（利未记16:21-22）。只有那祭物的血能赎罪（利未记17:11）。因此，耶稣不仅担当了百姓的罪,并且流出祂的宝血成为完全的赎罪祭（希伯来书 9:13-22）。

68 – 72. 耶稣从死里复活使神证明祂是弥赛亚和主（罗马书 1:3-4）。

73 – 75. 耶稣不仅从死里复活了,也升到天上父神那里。神的右边代表宇宙所有权柄的位置。耶稣已经在那儿坐下了,在祂的敌人中间掌权,直到万物都服从祂的权柄（见诗篇 110:2）。

76. 神应许这个世代的末了有一个重建的时期,这将集中在以色列的重建上,并将以弥赛亚在荣耀中再次降临为高潮（见诗篇 102:16）。

77 – 80. 《圣经》中,有关弥赛亚在荣耀中再次降临的预言,比祂以人的样式第一次降临的预言还要来的多。

第十六课 像摩西一样的先知

引言

在申命记 18 章 18-19 节，神藉摩西带给以色列下列的应许：

(1) 我必在你们弟兄中间，给他们兴起一位先知像你。
(2) 我要将当说的话传给他；他要将我一切所吩咐的都传给你们。
(3) 谁不听他奉我名所说的话，我必讨谁的罪。

摩西的这些话清楚地表明三个事实：

首先，摩西在这里描述了一个特定的先知，神应许后来要赐给以色列一个先知。摩西自始至终所使用的语言都是单数："一位先知"，"传给他"，"他将……传给"。这些话无法全部描绘以色列后来的众先知，一定是指着一个特定的先知。

其次，这个特殊的先知要有独一无二的权利，超过所有在他之前的人。如果以色列有人拒绝听这位先知的话，神就必追讨那人的罪。

第三，这位先知要像摩西一样，他与以色列将要出现的所有其他先知都有区别。

在使徒行传 3 章 22-26 节，使徒彼得引用摩西的这段话，直接应用到拿撒勒的耶稣身上。在一项新旧约详细的对比当中，人们看到摩西与耶稣之间二十处明显的相似之处。下面有关这两位先知相似之处的对比，是根据三个主要标题分类的：儿童时期、个人经历和侍奉。

背诵经文：申命记 18 章 18 节

☐ 背诵经文后在这里打勾。（每天复习前一课的经文）

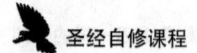
圣经自修课程

问题

A. 他们的儿童时期

1. 写出这两位先知出生时统治以色列的外邦皇帝。
   （出 1:8–14；路 2:1–7）

   (1) 摩西 ....

   (2) 耶稣 ....

2. 摩西与耶稣出生时都面临怎样的生命危险？
   （出 1:15–16；太 2:16）

   ....

3. 他们的生命因着谁的行动而得救？
   （出 2:1–5；来 11:23；太 2:13–14）

   ....

4. 在什么人那里，每个孩子都得到一段避难时期？
   （出 2:10；太 2:14–15）

   ....

5. 每个境况都显示出什么样的智能？（使徒行传 7:22；路加福音 2:46–47；马太福音 13:54）

   ....

B. 他们的个人经历

6. 写出他们个人的两点品格特征。
   （民 12:3、7；太 11:29；来 3:1–6）

第十六课 像摩西一样的先知

(1) ....(2) ....

7. 这两位先知总是被以色列接受吗？
   (出 2:14, 32:1；民 16:41；约 7:52；太 27:21 – 22)

   ....

8. 他们的弟兄姐妹有时对他们的反应如何？
   (民 12:1；可 3:21；太 13:54 – 57；约 7:3 – 5)

   ....

9. 两位先知对于以色列的罪，在神面前是如何反应的？
   (出 32:31 – 32；路 23:34)

   ....

10. 他们都愿意做什么，来平息神对百姓罪的怒气？
    (出 32:31 – 32；路 23:34)

    ....

11. 在他们生命的关键时刻，这两位先知是如何做的？
    (出 34:28；太 4:2)

    ....

12. 这两位先知都与神有特殊亲密的关系吗？
    (民 12:7 – 8；约 1:18；太 11:27)

    ....

13. 这两位先知都在什么地方与神交谈？(出 24:12；太 17:1 – 5)

    ....

14. 他们有没有带门徒同去？(出 24:13；太 17:1)

    ....

15. 这样的经历对他们的身体有什么影响？
    (出 34:29 – 30；太 17:2)

    ....

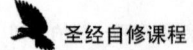

16. 神至少有一次以什么特殊的方式对他们说话？
    (出 19:19 - 20；约 12:28 - 30)

    ....

17. 什么超自然生物在保护两位先知的埋葬地？(犹 9；太 28:2 - 7)

    ....

C. 他们的侍奉

18. 写出除了先知以外，他们各人还履行的其他两项职事。

    (1) 申 4:1、5；太 5:1 - 2；约 3:1 - 2

    ....

    (2) 诗 77:20；赛 63:11；约 10:11、14、17

    ....

19. 他们向神百姓启示了什么有关神的特殊、重要的真理？
    (出 3:13 - 15；约 17:6)

    ....

20. 神通过这两位先知，为祂的百姓超自然地提供了什么食物？
    (出 16:14 - 15；诗 78:24；约 6:32 - 33、51)

    ....

21. 摩西拯救以色列人脱离什么样的奴役？(出 3:10；申 6:21)

    ....

22. 耶稣拯救相信祂的人脱离什么样的奴役？(约 8:31 - 36)

    ....

23. 这两位先知都如何帮助生病的人？
    (出 15:25 – 26；民 21:6 – 9；太 4:23, 8:16 – 17)

    ....

24. 还有其他先知像他们行这样伟大的神迹吗？
    (申 34:10 – 12；约 5:36, 15:24；徒 2:22)

    ....

25. 他们在神与祂的百姓之间都立了什么？
    (出 24:7 – 8；太 26:26 – 28)

    ....

26. 藉着什么，那约被确立？(来 9:11 – 22)

    ....

默写经文：申命记 18 章 18 节

....

....

....

....

回答完所有问题后，再翻到下一页

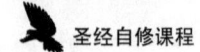
圣经自修课程

正确答案及得分

第十六课

问题	答案	得分
1	(1)法老 (2)凯撒奥古斯都	1 1
2	邪恶的王下令杀掉他们	1
3	因着他们父母的行动	1
4	埃及人	1
5	不同寻常的智慧和理解力	1
6	(1)谦卑 (2)对神尽忠	1 1
7	不是	1
8	他们批评/拒绝他们	1
9	他们都向神祷告，祈求赦免百姓	1
10	他们都愿意承担百姓的刑罚	1
11	每位都禁食了四十天	1
12	是的	1
13	很高的山上	1
14	是的	1
15	他们的脸发光	1
16	神从天发出声音	1
17	天使	1

第十六课 像摩西一样的先知

18	(1)教师 (2)牧者	1 1
19	神的名	1
20	天上的粮食	1
21	埃及法老的奴役	1
22	罪的奴役	1
23	两位都医治他们	1
24	没有	1
25	约	1
26	献祭的血（耶稣被钉十字架）	1

查考《圣经》，核对默写经文；若全对，每一节经文得4分。　4
（每错一处，扣1分；一节有三个错误以上，该节经文0分）

总分　33

17 个正确答案 = 50%
23 个正确答案 = 70%
26 个正确答案 = 80%

正确答案注释
第十六课

1 – 4. 在这两位先知的服侍生涯中,以色列最大的敌人——撒旦——企图在神的受膏拯救者完成其任务之前毁灭他。每次都藉着他父母的信心和勇气而保存下来。

5. 摩西和耶稣都被神以特殊的智慧恩赐所装备。

6. 他们都依靠神超自然的能力,而不是他们自己身体的力量。

7 – 8. 错误的态度会使神的百姓无法认识或尊荣那位神差派给他们的拯救者。

9 – 10. 摩西和耶稣都愿意承担神百姓的刑罚,但只有耶稣能被神接纳,因为祂本身没有罪(希伯来书 7:26-27)。

12 – 16. 摩西和耶稣都依靠与神的个人交谈,这种交谈的结果以各种独特的方式彰显。

19. 神的名启示了神的属性。藉着摩西,神启示自己是永不改变的;藉着耶稣,祂启示自己是父。(见马太福音 11:27;罗马书 8:15)

20. 藉着摩西提供的玛哪,百姓只是暂时维持身体的存活,有些吃了吗哪的人后来死在神的审判之下(见民数记 14:22-23、32,26:63-65)。但藉着耶稣,信徒得到永生(见约翰福音 6:47-51)

21 – 22. 摩西拯救以色列人脱离的是身体上的为奴;耶稣拯救信徒脱离的是属灵上的为奴。

25 – 26. 以色列人破坏了神与他们所立的第一个约,但神应许立一个新约,这约将能赦免他们所有的罪(耶利米书 31:31-34)。耶稣来是要立这个新的约。

结论

这课内容阐明了摩西与耶稣之间明确的二十六个相似之处。除了耶稣,在以色列,我们无法再找到其他任何兴起的先知与摩西相类似,甚至只是这些相似点中的几项。因此,否认耶稣是摩西在申命记 18 章 18-19 节所预言的那位先知是不合理的。

然而,如果耶稣是摩西所预言的那位先知,那么我们认识这个事实并付诸行动,对我们就极其重要。神说到这位先知时说:"**谁不听他奉我名所说的话,我必讨谁的罪**"(申命记 18:19)。

那么,是要神的审判还是祂的祝福,选择在于我们。如果我们拒绝神的先知,主耶稣,我们面临的就是审判;如果我们认识祂,我们就得祝福。

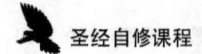 圣经自修课程

第三部分小结

再次恭喜你!

你现在已经完成了十六课的学习,还剩下最后一部分了。想想这意味着什么!

你刚刚结束这部分的学习,仔细研究了世界文学从未展现过的最具深远意义、最重要的主题。其中包括:

- 以色列的历史和命定;
- 曾经走过人类历史舞台的三位伟人的生命和品格:亚伯拉罕、摩西和耶稣。
- 所有《圣经》预言的中心主题:弥赛亚——救赎主的生命和工作。

这样的学习之后,你已经独自从《圣经》中找出了将近 200 个特殊问题的答案。

你也背诵了总共 23 节重要经文。

加油!要完成全部课程,就剩下几课了。然后,你会发现自己装备得更多,这样就能继续享受在这个世界认识神的好处。

下面,关于接下来的学习:17、18 和 19 课会带领你进入历史的高峰:耶稣亲自再来。这里,你将独自寻找并发现一些有关耶稣再来的迹象和征兆。然后,你将回答最后复习部分的问题。最后,在第二十课,你会将所有线索放在个人应用方面。加油!你干得很好!

第十六课 像摩西一样的先知

第三部分复习

在你继续学习接下来的新课程之前,你需要自己检查一下,看看是否完全理解十二到十六课所涵括的丰富内容。你对这些内容理解得越好,你就越能领会后面令人兴奋的内容。

这第三部分的复习方法与其他部分一样。首先,仔细阅读前五课所有的问题和正确答案。检查自己是否知道并理解每个正确答案的解释。

其次,复习你从这五课背诵经文中学到的每句经文。

第三,仔细阅读下面的问题,思考自己如何回答。每个问题都与你学过的课程内容有关。

1. 以色列历史的什么教训,今天仍然适用于以色列和其他国家?
2. 藉着圣灵膏抹耶稣,祂被赋予能力去行什么样的怜悯行动?
3. 写出耶稣生平应验《旧约》预言的 10 个事件。
4. 写出摩西与耶稣之间 10 个重要的相似点。

最后,在另外一张纸上写出你自己对以上问题的回答。

* * * * *

这部分复习不记分,目的是为帮助你巩固已经获得的内容。当你对已经完成的感到满意时,你就可以往下继续学习第十七课了。

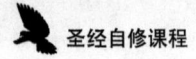

第四部分
未来

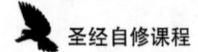 圣经自修课程

第十七课 基督的第二次降临

引言

耶稣基督第一次来到世上是在两千年以前,有关祂的再来在《圣经》预言书中有详细的事先告知。祂的第一次降临也是像先知书上所写的那样应验了。

耶稣升天时,向门徒保证祂会再回来。除了耶稣自己的应许,《圣经》中还有很多有关弥赛亚——耶稣——再来的预言。事实上,有关耶稣第二次降临的预言,要比祂第一次降临的预言还要多。

因为耶稣第一次降临的确如所写的预言那样发生了,我们有理由相信,祂第二次降临的预言也将以同样的方式实现。

本课学习的经文包括基督再来的清楚应许,那时基督徒会经历什么,基督徒现在必须如何预备自己。

背诵经文:路加福音 21 章 36 节

☐ 背诵经文后在这里打勾。(每天复习前一课的经文)

问题

A. 基督再来的应许

1. 为了什么原因,基督说祂要离开祂的门徒?(约 14:2)
   ....

2. 基督离开门徒时,给了他们什么应许?(约 14:3)
   ....

3. 基督升上天时,天使应许什么?(徒 1:11)
   ....
   ....

4. 所有真基督徒所等候的"所盼望的福"是什么?(多 2:13)
   ....

5. 当基督从天而降时,会听到哪三个声音?(帖前 4:16)
   (1) ....
   (2) ....
   (3) ....

B. 基督徒会经历什么

6. 弥赛亚来的时候,所有基督徒都已经死(睡)了吗?
   (林前 15:51)
   ....

7. 到那时,所有死了的基督徒会怎样?(帖前 4:16)
   ....

8. 所有基督徒,无论活着还是死了,那时都要发生哪两件事?

   (1) 哥林多前书 15:51

   ....

   (2) 帖撒罗尼迦前书 4:17

   ....

9. 这些基督徒还会与主分开吗?(帖前 4:17)

   ....

10. 当我们真的看见主时,我们会发生什么改变?(约一 3:2)

    ....

11. 作为这种改变的结果,基督徒的身体会像什么样?(腓 3:21)

    ....

12. 保罗用哪两个词来描绘基督身体复活之后的样子?
    (林前 15:53)

    (1) ....(2) ....

13. 《圣经》如何描绘基督徒随后要享受的盛会?(启 19:9)

    ....

C. 基督徒必须如何预备自己

14. 在那婚宴之前,羔羊的新娘要做什么?(启 19:7)

    ....

15. 她穿着什么样的衣服?(启 19:8)

    ....

16. 那细麻衣代表什么？（启 19:8）
    ....

17. 那十个童女中，哪些去赴了婚宴？（太 25:10）
    ....

18. 如果人在耶稣再来时有见到祂的盼望，他该如何为此预备自己？
    （约一 3:3）
    ....

19. 耶稣再次降临，要向谁显现施行拯救？（来 9:28）
    ....

20. 如果我们想见主的话，我们必须做哪两件事？（来 12:14）

    (1) ....

    (2) ....

21. 当耶稣再来时，真基督徒的三个标志是什么？（彼后 3:14）

    (1) ....（2）..................

    (3) ....

22. 耶稣使用了什么词来表示祂再来的突然性？（启 3:3，16:15）
    ....

23. 谁知道耶稣再来的日期和时间？（可 13:32）
    ....

24. 鉴于基督耶稣要再来，祂如何警告所有的基督徒？
    （可 13:35–37）
    ....

25. 除了警醒以外,耶稣还警告基督徒该做什么?(路21:36)
    ....

26. 耶稣警告基督徒哪三件事会使他们没有准备好?(路21:34)
    (1) ....(2) ....
    (3) ....

默写经文:路加福音 21 章 36 节

....
....
....
....

回答完所有问题后,再翻到下一页

正确答案及得分
第十七课

问题	答案	得分
1	去为他们预备地方	1
2	祂会再来，接他们到祂那里去	2
3	这离开你们被接升天的耶稣，你们见祂怎样往天上去，祂还要怎样来	2
4	至大的神和救主耶稣基督的荣耀显现	2
5	(1)呼叫声 (2)天使长的声音 (3)神的号	1 1 1
6	没有	1
7	他们要（从死里）复活	1
8	(1)他们都要改变 (2)他们都被提到云里，在空中与主相遇	1 1
9	不会；永远不会	1
10	我们会像祂	1
11	和基督荣耀的身体相似	1
12	(1)不朽坏的 (2)不死的	1 1
13	羔羊（耶稣）的婚宴	1
14	她要自己预备好了	1
15	光明洁白的细麻衣	1
16	圣徒所行的义	1
17	那些准备好的	1

18	就洁净自己，像祂（耶稣）洁净一样	2
19	向那些热切等候祂的人	1
20	(1)追求与众人和睦 (2)追求圣洁	1 1
21	(1)平安 (2)没有玷污 (3)无可指摘	1 1 1
22	像贼一样	1
23	没人知道，惟有父神知道	1
24	要警醒	1
25	常常祈求	
26	(1)贪食（宴乐） (2)醉酒 (3)今生的思虑	1 1 1

查考《圣经》，核对默写经文；若全对，每一节经文得4分。　**4**
（每错一处，扣1分；一节有三个错误以上，该节经文0分）

总分　43

22 个正确答案 = 50%
30 个正确答案 = 70%
34 个正确答案 = 80%

正确答案注释
第十七课

1 – 5. "要凭两三个人的口作见证，句句都可定准。"（太 18:16）关于基督的再来，我们有三个证人：(1) 基督自己（约翰福音 14:3）；(2) 天使（徒 1:11）；(3) 使徒保罗（帖撒罗尼迦前书 4:16）。注意，有关基督要亲自再来的强调："这离开……的耶稣"（使徒行传 1:11），"主必亲自"（帖撒罗尼迦前书 4:16）。这"所盼望的福"（提多书 2:13）是基督徒生活的最高目标。

5. (1) 那呼叫声来自主，祂的声音本身就有唤醒死人的能力（见约翰福音 5:28-29）。(2) 那天使长很像是加百列，他的特殊职责是奉神差派向人宣告神要在他们中间的作为（见路加福音 1:19,26）。(3) 那号是用来呼召神的百姓聚集（见民数记 10:2-3）。

6. "睡了"是指死了（对比使徒行传 7:60 和哥林多前书 11:30）。这个词用来表示基督徒的死，因为他们会在复活的早晨再次起来。

6 – 8. 这些事件的顺序是：(1) 死（睡）了的基督徒将以新的、荣耀的身体复活。(2) 活着的基督徒身体会改变成主那样荣耀的身体。(3) 主从天而降时，所有基督徒都将被提到云中与主相见。

10 – 12. 基督徒荣耀的身体会与主的荣耀身体相似。（要更全面学习这一主题，见我的书《圣灵充满信徒手册》，第六部分，从死里复活。）

13. 对比马太福音 8 章 11 节和 26 章 29 节。

14 – 21, 24-25.

《圣经》清楚地教导说，为了预备基督的再来，基督徒必须努力预备自己。在启示录 19 章 8 节，"细麻衣"的确切意思是"圣徒所行的义"。这是凭着信心接受的基督的义，基督徒在每天的生活中行出来。（对比腓立比书 2:12-13："立志行事，神在你们心里运行。"）

从某种意义上说，神的话引导基督徒借着行义预备自己：

1. 洁净（毫无瑕疵）（约翰一书 3:3；彼得后书 3:14）
2. 圣洁（希伯来书 12:14）
3. 和平（和所有人有正确的关系）（希伯来书 12:14；彼得后书 3:14）
4. 无可指摘（在所有基督徒的职责上忠心）（彼得后书 3:14）
5. 有盼望（热切等候耶稣）（希伯来书 9:28）
6. 警醒的（马可福音 13:37）
7. 常常祈求（路加福音 21:36）

22. 基督再来的方式将会像贼一样，但祂只会带属于祂的人——"祂来的时候，是那些属基督的"（哥林多前书 15:23）

23. 当那一刻来临时，父会告诉子。然后，天上一切都被搅动起来。

30. （1）耶稣在警告醉酒之前，先警告不要吃喝过度。

（2）对比路加福音 17 章 27-28 节，这里所提到的事其本身并不是有罪的，罪是来自过于关心那些事。

第十八课 基督再来的预兆

引言

《圣经》告诉我们很多关于基督再临之前世界会发生的特殊事件。这些事将会是一些征兆，警告我们祂很快要来了。

本课内容说明了一些最重要的征兆，这些征兆可以分成两组：

(1) 在信仰方面的预兆；
(2) 在普世方面的预兆。

每组预兆都有相关的参考经文。在这课学习当中，你要按下面的要求做：

(1) 阅读（A）组的所有预兆；
(2) 阅读（A）组下方的参考经文；
(3) 在每个预兆下面，写出相关的经文；
(4) 对（B）组重复同样的过程。
(5) 在每组预兆结尾的方框内有相关经文。当你完成其余的课程时，再读一遍这些预兆和相关经文，对比世界现在有哪些特定的预兆正在应验。

（注意，每个预兆没有一个正确的经文。然而，在（B）组中，马太福音 24 章 7 节适用于三个不同的预兆。）

背诵经文：路加福音 21 章 28 节

☐ 背诵经文后在这里打勾。（每天复习前一课的经文）

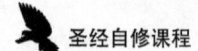 圣经自修课程

问题

A. 在信仰方面的预兆

1. 圣灵浇灌全地。

   ....

2. 世界各地的福音和宣教行动。

   ....

3. 基督徒在许多国家被镇压、被憎恨、受折磨、被杀害。

   ....

4. 许多假先知。

   ....

5. 许多人背弃基督信仰。

   ....

6. 许多基督徒,被魔鬼迷惑,落入受骗的灵。

   ....

7. 许多基督徒的爱变得冷淡。

   ....

参考经文:

马太福音 24:12	提摩太前书 4:1	马太福音 24:9
使徒行传 2:17	马太福音 24:11	马太福音 24:14
帖撒罗尼加后书 2:3		

B. 在普世方面的预兆

8. 很多国际战争；国家之间的对抗。

   ....

9. 旅行和知识的增长。

   ....

10. 犹太复国主义兴起，重建以色列。

    ....

11. 耶路撒冷脱离外邦人的统治。

    ....

12. 很多好讥诮的人否认神的话和基督再来的应许。

    ....

13. 人们陷入物质享乐和安逸的生活，忘记神将来的审判。

    ....

14. 道德和正直生活急剧下滑，伴随的是虚有其表，信仰的衰退。

    ....

15. 不法的事增加。

    ....

16. 饥荒和瘟疫。

    ....

17. 许多地方有地震。

    ....

18. 各国家有苦难和混乱。

....

19. 许多的敌基督。

....

参考经文：

路加福音 21:24	马太福音 24:12	约翰一书 2:18
彼得后书 3:2 – 7	但以理书 12:4	马太福音 24:7
路加福音 17:26 – 30	诗篇 102:16	路加福音 21:25
提摩太后书 3:1 – 5		

默写经文：路加福音 21:28

....

....

....

....

回答完所有问题后，再翻到下一页

正确答案及得分
第十八课

问题	答案	得分
1	使徒行传 2:17	1
2	马太福音 24:14	1
3	马太福音 24:9	1
4	马太福音 24:11	1
5	帖撒罗尼迦后书 2:3	1
6	提摩太前书 4:1	1
7	马太福音 24:12	1
8	马太福音 24:7	1
9	但以理书 12:4	1
10	诗篇 102:16	1
11	路加福音 21:24	1
12	彼得后书 3:2 – 7	1
13	路加福音 17:26 – 30	1
14	提摩太后书 3:1 – 5	1
15	马太福音 24:12	1
16	马太福音 24:7	1
17	马太福音 24:7	1
18	路加福音 21:25	1
19	约翰一书 2:18	1

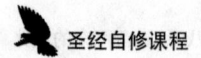圣经自修课程

查考《圣经》，核对默写经文；若全对，每一节经文得4分。　4
（每错一处，扣1分；一节有三个错误以上，该节经文0分）

总分　23

12 个正确答案 = 50%
16 个正确答案 = 70%
18 个正确答案 = 80%

正确答案注释
第十八课

1. "凡有血气的"是指全人类,先知书经常使用这样的说法(以赛亚书 40:5-6;耶利米书 25:31;以西结书 21:4-5)。每个地方的人都会受到神的灵在末后大浇灌的冲击。

2. 将福音传给其他国家的人,是神的灵浇灌所产生的自然结果。注意这个预兆之后的特殊命令:"然后末期才来到"(马太福音 24:14)。

3. 20 世纪的基督徒殉道者比其他任何世纪都要多,例如,很多共产党国家以国家政策来逼迫基督徒。

4 – 6. 这三个预兆都显明了撒旦的施压和欺骗,撒旦有目的地引诱基督徒背离他们对基督的忠实。《圣经》指出,到末后时,只有两类基督徒。一类被描写成"新娘",另一类被描写成"妓女"。新娘是对新郎(基督)忠实的,妓女是对基督不忠的(见启示录 17-18 章)。

7. 这个预兆与老底嘉教会的情况相符合,这些基督徒遭咒诅的罪是"不冷不热",他们既不冷也不热(启示录 3:14-22)。基督徒爱心冷淡的主要因素:(1)基督徒被苦苦逼迫;(2)基督徒被魔鬼欺骗;(3)基督徒为金钱和物质享受而活。

8. 最后一个世纪中所发生的战争比其他任何世纪都多,特别是两次的世界大战。

9. 注意这两个因素相互关联的。知识的增长会促使旅行的增加;旅行的增多会促进知识的增广。

10 – 11. 锡安主义的兴起、以色列国的复国和 1967 年的六日战争,这些都是现代历史中最伟大的神迹。有人曾说:

"犹太人是神手中预言性钟表的秒针,那根秒针已经几乎走到午夜了。"

12. 在最后一个世纪不停地有对《圣经》的大肆攻击,有别于以往任何时候,令人感到讽刺的是这些对《圣经》的攻击实际上却更加证实了它的准确性,因为《圣经》清楚地预言了这些事。

13 – 15、18.

现今的报纸每天都在证明这些预兆(对比路加福音 17:26 与创世记 6:5、12-13)。挪亚时代,邪恶的三个主要特点是:(1)邪恶的思想和渴望;(2)腐败和不道德的性行为;(3)暴力。

16. 饥荒和灾难自然会伴随在一起,两者通常都是由战争所导致的。

17. 过去的世纪里,地震次数不断增长。

19. "敌基督的灵"(约翰一书 4:3)其工作是双重的。首先,要把基督从祂至高、神所赐的权位上挪走;其次,要兴起其他人取代基督的地位。故此,这一代与上一代的政治意识形态——伊斯兰教、法西斯主义和共产主义——就是敌基督(今天,世界上很多运行中的政治和宗教势力,也是如此)。然而,这世界仍然在等待最后的敌基督,如帖撒罗尼迦后书 2 章 3-12 节所描写的。

第十九课 基督的国在地上建立

引言

基督在地上的国将会藉着神审判所有拒绝祂的怜悯和从前反对祂计划的人而到来。在另一方面,所有复活的,或在基督再临时超自然改变了的,都将在祂的国中分配到各样权柄的位置。以耶路撒冷为首都,耶稣将掌管万国一千年,给全地的人们带来公义、和平、繁荣和神的知识。最终,祂自己和万国万物都要服于父神。

背诵经文:提摩太后书 2 章 11-12 节

☐ 背诵经文后在这里打勾。(每天复习前一课的经文)

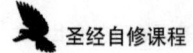 圣经自修课程

问题

A. 弥赛亚国度中的审判

1. 帖撒罗尼迦后书 1 章 6-10 节描绘了耶稣从天而降的情景。

   (1) 祂将如何对待邪恶和悖逆的人？(8 节)

   ....

   (2) 他们的刑罚是什么？(9 节)

   ....

2. 那兽（敌基督）和假先知会怎样？(启 19:20)

   ....

3. 耶稣如何在地上统治万民？(启 19:11 – 15；诗 2:7 – 9)

   ....

4. 耶稣在地上设立祂的宝座，谁将在祂面前聚集受审判？
   (太 25:31 – 32；玛 3:1 – 2)

   ....

5. 这些人都要因他们如何对待一个特定群体而受审判，耶稣如何描绘这个群体？

   (1) 太 25:40 ....

   (2) 玛 3:2 ....

6. 那些遵守耶稣话语的人会得到的加倍奖赏是什么？

   (1) 太 25:34 ....

   (2) 太 25:46 ....

7. 那些没有照耶稣的吩咐去做的人，将受到怎样的审判？
(太 25:41、46)

   ....

B. 复活信徒的地位

8. 如果我们为耶稣忍受苦难，我们能期待得到哪两个奖赏？

   (1) 罗 8:17 ....

   (2) 提后 2:12 ....

9. 耶稣向一直忠实与祂同在的门徒应许了什么位置？
(太 19:27 – 28)

   ....

10. 耶稣给什么样的信徒赐予权柄，使他们与自己一起掌管列国？
(启 2:26 – 27)

    ....

11. 那些因着为耶稣做见证而被敌基督砍头的信徒将得到的加倍奖赏是什么？(启 20:4 – 5)

    (1) ....

    (2) ....

12. 耶稣讲了一个为主人管理钱财的比喻 (路 19:12 – 27)，那奖赏是什么：

    (1) 那个赚了十倍的人得到什么奖赏？(路 19:16 – 17)

    ....

    (2) 那赚了五倍的人得到什么奖赏？(路 19:18 – 19)

    ....

13. 将来，复活的信徒要审判的两个方面。

   (1) 林前 6:2 ....

   (2) 林前 6:3 ....

C. 弥赛亚国度的先知性预见

14. 基督的国权是什么？（诗 45:6；来 1:8）

   ....

15. 神为什么要膏抹耶稣超过万有？（诗 45:7；来 1:9）

   ....

16. 耶和华选择要在什么地方永远居住？（诗 132:13–14）

   ....

17. 耶和华作王的地方叫什么名字？（赛 24:23）

   (1) 诗 48:12 ....

   (2) 太 5:34–35 ....

18. 在末后的日子，在众山之间要兴起什么山？（赛 2:2；弥 4:1）

   ....

19. 谁将流向这山？（赛 2:2；弥 4:1）

   ....

20. 神要教导这些国家什么？（赛 2:3；弥 4:2）

   ....

21. 哪两件事将出于锡安和耶路撒冷？（赛 2:3；弥 4:2）

   (1) ....(2) ....

22. 当弥赛亚审判万国时，他们不再做哪两件事？(赛 2:4；弥 4:3)

   (1) ....

   (2) ....

23. 各国每年因什么特殊节庆而上耶路撒冷？(亚 14:16)

   ....

24. 诗篇 72 篇预告了大卫子孙——弥赛亚——的各样特征，例如：

   (1) 祂要如何对待困苦人？(2、4 节)

   ....

   (2) 弥赛亚要拯救哪两种人？(12 节)

   (a) ....

   (b) ....

   (3) 弥赛亚统治时，那种人要发旺？(7 节)

   ....

   (4) 要大有什么？(7 节)

   ....

   (5) 万国都要为弥赛亚做的两件事是什么？

   (a) 11 节 ....

   (b) 17 节 ....

25. 弥赛亚公义治理的三个永久结果是什么？(赛 32:17)

   (1) ....

   (2) ....

   (3) ....

26. 在头一次复活时期，基督掌权多久？（启 20:4、5）

....

27. 这段时期结束时，基督会做什么？（林前 15:24、28）

....

28. 在这一切当中，神的最终目的是什么？（林前 15:28）

....

默写经文：提摩太后书 2 章 11-12 节

....

....

....

....

回答完所有问题后，再翻到下一页

正确答案及得分
第十九课

问题	答案	得分
1	(1)祂要在火焰中显现，报应他们 (2)永远的沉沦，离开主的面和祂权能的荣光	1 2
2	他们活活地被扔在烧着硫磺的火湖里	1
3	用铁杖	1
4	万民	1
5	(1)我的弟兄 (2)我的百姓，我的产业以色列	1 2
6	(1)他们将继承基督的国 (2)他们将得到永生	1 1
7	到为魔鬼及其使者预备的永火里接受永刑	2
8	(1)我们将与祂一同得荣耀 (2)我们和祂一同作王	1 1
9	坐在十二个宝座上，审判以色列十二个支派	2
10	那得胜又遵守祂命令到底的	2
11	(1)与基督一同作王一千年 (2)在第一次复活中有份	1 1
12	(1)掌管十座城 (2)掌管五座城	1 1
13	(1)世界 (2)天使	1 1
14	正直（公义）的国权	1
15	因为祂喜爱公义，恨恶罪恶(不法)	2
16	锡安	1

17	(1)锡安山 (2)耶路撒冷	1 1
18	耶和华殿的山	1
19	万民	1
20	袖的道	1
21	(1)训诲 (2)耶和华的言语	1 1
22	(1)这国不举刀攻击那国 (2)不再学习战事	1 1
23	住棚节	1
24	(1)以公平审判困苦人 (2)(a)穷乏人 (b)没有人帮助的困苦人 (3)义人 (4)平安 (5)(a)侍奉袖；(b)称袖有福	1 1 1 1 1 11
25	(1)平安 (2)平稳 (3)保障	1 1 1
26	一千年	1
27	把神的国交与父神，顺服于袖	2
28	叫神成为万主之主	1

查考《圣经》，核对默写经文；若全对，每一节经文得4分。　**8**
（每错一处，扣1分；一节有三个错误以上，该节经文0分）

总分　62

31 个正确答案 = 50%
43 个正确答案 = 70%
50 个正确答案 = 80%

正确答案注释
第十九课

1. 帖撒罗尼迦后书 1 章 6-10 节描绘了基督再来的荣耀和能力，祂所有的敌人都被永远赶走，但祂的荣耀会在陪伴祂的天使和被提到空中与祂相遇的信徒身上彰显。（对比帖撒罗尼迦前书 4:16-17）

2. 启示录 13 章启示，当这个世代接近末尾时，人类的罪恶将集中到一个超级邪恶、大有能力的统治者头上，这个统治者被描述为"那兽"（启示录 13:11）。牠也被称作"敌基督"（约翰一书 2:18），牠被一个称作"假先知"（启示录 16:13）的邪恶宗教领袖所支持。他们在一起，企图摧毁所有耶稣的跟随者。（对比但以理书 8:23-25）

3. 启示录 19 章 11-15 节：耶稣再来时，是作为君王和审判官，带着最高的能力和权柄来对付所有邪恶。

4 – 7. 这里所描绘对万国的审判，将决定哪个国家委身于主的国度，哪个国家将被除去。审判的标准将以他们对待耶稣弟兄——犹太人——的方式来衡量。耶稣把所有做在犹太人身上的——好的或坏的——都当做是做在祂身上。

8 – 13. 当耶稣再来并建立祂的国时，所有曾在今生忠心服侍祂的人，都将被升到有尊荣和权柄的地位。他们将来在天上要与耶稣一同掌权（对比启示录 3:21）；量给信徒尊荣和权柄的程度，将与他们在世时所服侍的忠心程度有关。

14 – 15. 基督与众不同的品格特征：公义，将在祂的国度中反映出来。没有公义，就永远不能有真正而持久的平安。（对比罗马书 14:17）

16 – 17.	主的国在地上的首都是耶路撒冷或锡安。这就是我们要为耶路撒冷的平安祷告的原因（见诗篇 122:6）。直到耶路撒冷建立在平安中，其他地方才会认识真正的平安。
18.	目前，锡安山比周围的山矮，但当主再临时，剧裂的地理变化会把锡安山升高，高过周围的众山。（对比撒迦利亚书 14:3-11）
19 – 23.	于是，耶路撒冷会是敬拜、治理以及教导的中心。这将带来世界各地的裁军和持久的和平。
24 – 25.	基督统治的主要特征：公义、公平（特别针对弱势阶层）、和平、繁荣，并宇宙万物都认识基督是神指定的掌权者。祂国度的建立是疾病、饥荒、不公和战争等问题的唯一出路。
26.	启示录 20 章 2、3、4、5、6 和 7 节，六次提到基督的掌权。
27 – 28.	将国度归给父神，是实现罗马书 11 章 36 节的原则。因为万有都本于父神，万有都归于祂。然而，父藉着祂的儿子——弥赛亚——和宇宙万物连结。

最后部分小结

你的信心和毅力已经得到奖赏！你现在完成了 19 课的学习，还剩下一课，是个人应用的练习。

现在该停下来回头看看你已经学了多少。

你已经看到神的话与神的灵是如何一起动工，来装备你，帮助你过一个服侍神、结果子和得胜的生活。

在第四课，你领会了水洗的重要性和意义。在第十和十一课，你看到在世世代代神荣耀见证人的行列中，自己所当承担的责任；并知道神为你的一切需要所预备的丰富供应。

你看到了弥赛亚的救赎是如何救人脱离罪与疾病的基本问题。你也已经学到如何将此救赎应用到你自己和别人的生命中。

你也从历史的长流中回顾这伟大计划，最初从亚伯拉罕藉着以色列的众先知和政治家到所应许的弥赛亚——救赎者的显现。

最后，你也对这个世代结束时的事件有了简短、令人兴奋的预览：耶稣亲自在能力和荣耀中再临，在地上建立祂的国。

借着这一切学习，你已经在《圣经》里找出了超过 650 个问题的答案，也背诵了 27 节重要经文。

等在你面前的是第二十课的挑战了。但是，在你继续往下之前，请先确认并仔细完成最后部分的回顾。

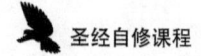
圣经自修课程

最后部分回顾

在你继续学习第二十课的内容之前,要确认你已经完全掌握第十七到十九课的内容。这会帮助你预备个人应用的部分。

最后部分复习的方法与前三个部分的复习类似。

首先,仔细阅读前三课的所有问题,包括相应的正确答案;检查你现在知道和明白每个问题的正确答案。

其次,复习你在这三课已经背诵的所有经文。

第三,仔细阅读下面的问题,思考你会如何回答。每个问题都在某种程度上与你已经学过的内容有关。

1. 你为基督再来所做的主要准备是什么?
2. 列出世上 10 个表明基督就快再来的迹象?
3. 新娘的"光明洁白的细麻衣"(启示录 19:8)指什么?你的外衣准备好了吗?
4. 你复活时会以什么方式改变?

最后,用另外一张纸写出你自己对以上问题的回答。

* * * *

这最后部分的复习不计分,目的是为帮助你整合所有学过的内容。当你已经圆满完成这部分的学习后,就可以继续往下学习第二十课"个人应用"的内容了。

第二十课 回顾及个人应用

引言

学习这最后一课的目的，是要你在头脑中牢记所学过的诸多重要真理。

复习是掌握所有学习内容的关键，通过一步一步地学习这最后一课的内容，你会从本课程的学习中得到极大的好处和祝福。同样，你会发现自己已经学了多少内容，不要忘了复习背诵的经文！

背诵经文：雅各书 1 章 25 节

首先，阅读前面 19 课的所有问题及答案；确定自己知道并理解每个问题的答案。

其次，复习你在背诵经文过程中学到的所有经文。

第三，回答下面第一和第二部分的问题

☐ 背诵经文后在这里打勾。（每天复习前一课的经文）

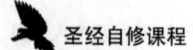
圣经自修课程

问题

第一部分

在下面提供的空白处，写出你在本课程中学到的四个重要真理。针对每个真理，在《圣经》中找到那个真理相应的经文，并写出来。

第一个真理 ....
....
....
....

相关经文 ....
....

第二个真理 ....
....
....
....

相关经文 ....
....

第二十课 回顾及个人应用

第一个真理 ....
....
....
....

相关经文 ....
....

第二个真理 ....
....
....
....

相关经文 ....
....

第二部分

在下面的空白处，简单描述本《圣经》学习课程给你的生命带来的重要改变。

....
....
....

注意：以上第一和第二部分的内容没有计分。

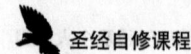

课程计分

最后默写经文：雅各书 1 章 25 节

....
....
....
....

查考《圣经》，核对默写经文；若全对，每一节经文得4分。　4
（每错一处，扣1分；一节有三个错误以上，该节经文0分）

总分　4

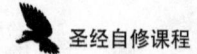 圣经自修课程

课程计分

将每一课所得的分数写在下面右边的空行处,将所有得分加起来,记入总分;并与标准分数进行对比,得出自己的成绩。

第一课 49	第十一课 47
第二课 54	第十二课 54
第三课 38	第十三课 48
第四课 36	第十四课 51
第五课 38	第十五课 61
第六课 59	第十六课 33
第七课 49	第十七课 43
第八课 40	第十八课 23
第九课 44	第十九课 62
第十课 44	第二十课 4

分数总计 877

439 个正确答案 = 50%
614 个正确答案 = 70%
702 个正确答案 = 80%

* * * * *

恭喜你完成全部课程了!

从现在起,你能够通过更有系统的学习来探索《圣经》真理!

中国大陆免费下载叶光明书籍和广播资源网站
www.ygm.services

中文叶光明书籍和广播资源可以通过搜索"Ye Guang Ming"或"YGM"或"叶光明"下载应用程序到手机或平板电脑阅读和收听。

中国大陆索取叶光明书籍和讲道资源，可以联系feedback@fastmail.cn

如何在智能手机上安装应用程序(App)

可复制网址到智能手机的浏览器，或使用二维码安装适用于您智能手机的应用程序（App）

iPhone/iPad手机下载网址：

https://itunes.apple.com/sg/app/ye-guang-ming-ye-guang-ming/id1028210558?mt=8

若干安卓手机下载地址如下，供您选择：

https://play.google.com/store/apps/details?id=com.subsplash.thechurchapp.s_3HRM7X&hl

叶光明事工微信公众平台：

DPM02